经济管理学术文库·经济类

新型城镇化发展的
特征、机制与路径研究
——以吉林省为例

Study on the Characteristics, Mechanisms and Paths of
New Urbanization Development
—Taking Jilin Province as an Example

尹　鹏／著

经济管理出版社
ECONOMY & MANAGEMENT PUBLISHING HOUSE

图书在版编目（CIP）数据

新型城镇化发展的特征、机制与路径研究——以吉林省为例/尹鹏著 . —北京：经济管理出版社，2019.6

ISBN 978 - 7 - 5096 - 6622 - 7

Ⅰ.①新… Ⅱ.①尹… Ⅲ.①城市化—研究—吉林 Ⅳ.①F299.273.4

中国版本图书馆 CIP 数据核字(2019)第 101447 号

组稿编辑：杨国强
责任编辑：杨国强 张瑞军
责任印制：高 娅
责任校对：赵天宇

出版发行：经济管理出版社
（北京市海淀区北蜂窝 8 号中雅大厦 A 座 11 层 100038）
网 址：www. E - mp. com. cn
电 话：(010) 51915602
印 刷：北京晨旭印刷厂
经 销：新华书店
开 本：720mm×1000mm/16
印 张：13.25
字 数：202 千字
版 次：2019 年 7 月第 1 版 2019 年 7 月第 1 次印刷
书 号：ISBN 978 - 7 - 5096 - 6622 - 7
定 价：68.00 元

前　言

美国经济学家、诺贝尔经济学奖得主约瑟夫·斯蒂格利茨指出，中国的城镇化和美国的高技术是影响 21 世纪人类社会进程最深刻的两件事。改革开放以来，我国城镇化进程不断加快，城镇化发展取得不少成绩，但仍然存在一系列问题，社会各界普遍认为应改变传统城镇化发展思路，探寻新型城镇化发展模式，提升城镇化发展质量，走出一条集约、智能、绿色、低碳，并且具有区域特色的新型城镇化发展道路。

本书以吉林省为例，基于新型城镇化发展的理论基础和实践借鉴，系统阐述新型城镇化发展的过程，并对新型城镇化水平进行测度评价，进而准确判断新型城镇化发展的基本特征，全面分析新型城镇化发展的动力机制。而科学抉择新型城镇化发展的路径对策，对于揭示城市发展规律，探寻城市问题根源，明确城市发展方向，制定城市发展战略，实现城乡协调统筹和区域一体化进程具有重要的科学指导意义，对于其他地区尤其是老工业基地新型城镇化发展模式的探寻发挥重要的参考借鉴价值。全书共分为七章：

第一章：新型城镇化发展的理论基础。辨析城市化、城镇化与再城市化，再工业化与新型工业化及新型城镇化的基本概念，综述劳动地域分工理论、经济地域运动理论、区域经济演化理论、创新理论、中心地理论及城乡一体化理论，梳理国内外关于新型城镇化的相关研究成果，为吉林省新型城镇化特征、机制与路径研究奠定理论基础。

第二章：新型城镇化发展的实践借鉴与启示。总结国外主要发达国家城镇化、发展中国家城镇化、典型老工业基地城镇化及国内新型城镇化发展的实践借鉴，得出新型城镇化发展的五点重要启示，为吉林省新型城镇化特征、机制与路径研究奠定实践基础。

第三章：吉林省新型城镇化发展的过程与评价。阐述吉林省新型城镇化发展的演变过程，通过分别建立中国新型城镇化评价指标体系和吉林省新型城镇化评价指标体系，测度比较吉林省新型城镇化水平，利用趋势面分析、空间自相关指数、平均增长指数和空间变差函数探讨2003年老工业基地振兴战略实施前后新型城镇化的空间演变格局，旨在探寻吉林省城镇化发展规律，把握城镇化发展方向和制定城镇化发展战略。

第四章：吉林省新型城镇化发展的基本特征。以吉林省9个地域单元为研究区域，利用熵值法、数据包络分析、脱钩模型和耦合协调度模型等，测度2003年和2014年新型城镇化发展的基本特征，包括新型城镇化效率、土地城镇化与人口城镇化水平比较、基本公共服务水平、四化发展水平和城市综合承载能力等内容。

第五章：吉林省新型城镇化发展的动力机制。从传统城镇化发展模式的亟须转型、新型城镇化战略政策的科学指导、经济持续健康发展的"多业"支撑、东北亚区域开放的独特区位条件及老工业基地全面振兴的鼎力支持五个方面探寻吉林省新型城镇化发展的动力机制。

第六章：吉林省新型城镇化发展的路径选择。从吉林省新型城镇化发展的体制机制改革、产业结构调整、城镇空间优化、市场全面开放和绿色生态转型五个方面提出吉林省新型城镇化发展的路径对策。

第七章：结论与展望。概括了全书的结论，并提出了未来的研究方向。

目　录

第一章　新型城镇化发展的理论基础

第一节　概述

一、研究背景与立论依据

（一）传统城镇化发展进入全方位转型的关键时期

我国作为世界第二大经济体，改革开放以来城镇化即进入快速发展轨道，城镇化率年均增长 0.9%，2011 年城镇化率首次超过 50%，正式步入城市型社会[1,2]，2014 年城镇化率为 54.77%，逐步达到中等收入国家的城镇化平均水平。根据城镇化发展三阶段理论，未来 10～15 年我国城镇化水平仍将处于加速提升阶段[3,4]，但直至 2030 年前后城镇化发展才能进入成熟阶段[5]。

目前，我国城镇化发展正处于"城市病"的发作阶段[6]，"城市病"症状较多，过度城镇化、被动城镇化和半城镇化等病态城镇化问题日渐凸显，"亚健康"城市不断增加，人口、资源、环境尤为脆弱，城市规划缺乏长期性、县改市和县改区大规模实施、城镇就业存在较大缺口、社会矛盾日渐增多、产业支撑力不足、进城农民工受到不公正待遇等，是"算出来""比出来""耗出来""染出来""拆出来""挤出来"和"绑出来"的城镇化[7]，影响现代化的正常实现。考虑到未来 5～10 年是我国城镇化发展能否避开先行国家城镇化弯路和刚性缺陷、跨越中等收入陷阱的关键阶段，也是治理广度城镇化和速度城镇化、落实深度城镇化、实现内涵式更新的最有效时期[8,9]，传统城镇化由速度型向质量型的全方位转变及健康城镇化理念的贯彻落实显得尤为迫切和关键，社会经济转型和生态文明转向刻不容缓。

（二）新型城镇化是重塑经济增长引擎的最大动力

当前世界经济正处于金融危机后的深度调整期，各国深层次和结构性问题没有彻底解决，呈现内生增长动力不足、经济增长速度放缓、主要发达经济体消费低迷、新经济增长点尚在孕育等问题。受此影响，长期以物质建设为主的中国经济发展面临较大的下行压力，城镇化推进面临不少挑战，寻求新的经济增长驱动迫在眉睫。

新型城镇化作为经济增长的持久动力和拉动内需的最大潜力，以科学发展观和可持续发展理念为指导，以人为核心，兼顾内涵优化和外延扩展，坚持城乡统筹、创新驱动、产城互动、集约高效、生态文明、绿色智能、特色鲜明与社会和谐，重视大中小城市与小城镇协调发展，强调农村地区城镇化和基本公共服务均等化，是全面、协调、可持续、因时因地制宜的城镇化过程，成为近年来政治界、学术界、企业界甚至普通百姓津津乐道的最炙手可热的词汇之一。同时，新型城镇化作为"三农"问题解决、城乡统筹协调的基础和支撑，是经济结构调整、经济发展方式转变、社会全面进步的必然举措和主战场，是扩大内需的关键环节和长期动力，是区域协调发展的有力支撑，是小康社会全面建成、经济社会又好又快发展及现代化建设的必由之路，是实现城市转型和健康稳定的全新引擎与最大机遇，是我国经济进入新常态的最大动力和重要支撑点，成为当前及今后长时期社会经济发展的大势所趋，为"中国梦"的最终实现增添动力。

（三）老工业基地调整改造的现实需要和必然选择

老工业基地的调整改造是中国乃至世界范围内的普遍问题和难题，是坚持中国特色城镇化发展道路、引领工业转型的必然要求，直接关系到计划经济向市场经济全面转变、国有企业改革能否成功及小康社会的全面建成，重点在于区域再造和创新，即新战略、新体制、新结构、新技术、新资源和新开放[10,11]。自 2003 年老工业基地振兴战略实施以来，取得了重要的阶段性成果，由单项突破进入纵深推进、全面振兴的战略新阶段[12]，区域发展势头良好，成为重要的经济增长极。但是，由于结构性和体制性的深层次矛盾尚未根除，城镇化发展面临诸多挑战，投资与政策红利减弱、矿产资源枯竭、产业结构单一、接续替代产业不足、经营方式粗放、经济发展呈现"断崖式下滑"、经济增速垫底、债务负担过重、人口危机严峻、行为效率低下、思想观念滞后、市场意识淡薄等，经历从盛极一时的"共和国长子"到市场经济大潮中的"滑铁卢惨败"。因此，探寻一种科学有效的城镇化发展新模式、新思路和新业态，由要素驱动和投资驱动转向创新驱动，对于这一特殊地域的再振兴和再辉煌具有十分重要的现实意义，不仅可以创造巨大的消费需求和投资需求，而且是产业升级与转型的重要举措。

吉林省作为我国传统老工业基地的重要组成，是国家重要的商品粮基地、生产加工基地、生态示范基地和科技文教大省，也是我国城镇化发展较早且较快的地区。2003 年老工业基地振兴战略实施以来，吉林省城镇化建设成效显著，城镇化率逐年提升，城镇体系逐渐优化，特色城镇化不断推进，开放格局日渐形成。但是，吉林省城镇化进程中仍然存在增速减缓和质量较低的问题，而且关于吉林省新型城镇化发展的研究成果涉及不够。考虑到"十三五"是吉林省城镇化发展和全面建设小康社会的决胜期，是统筹推进新型城镇化、新型工业化、农业现代化和振兴发展的关键期，是全面振兴发展的攻坚期，国家和地方政府高度重视与战略决策能够为其提供重要保障。因此，系统阐述吉林省新型城镇化发展的特征、机制与路径具有特殊的紧迫性和可行性。

二、研究意义与研究目标

（一）研究意义

1. 理论研究意义

（1）建立新型城镇化理论研究体系。系统梳理新型城镇化的基本概念、基本理论和相关研究综述，总结国外城镇化及国内新型城镇化发展的实践借鉴，以吉林省为实证研究对象，建立新型城镇化"特征—机制—路径"的科学研究框架体系，与新型城镇化的多维度内涵和复杂性特点保持一致，为今后相关研究发挥导向和指引作用。

（2）丰富新型城镇化的理论研究成果。通过阅读文献资料发现，针对我国新常态背景下老工业基地新型城镇化的研究成果几乎空白，而老工业基地为改革开放和现代化建设做出过历史性的重大贡献，而且当前正处于全面振兴的关键时期。以吉林省为例，正好弥补该区域研究空白，探寻老工业基地新型城镇化的发展演化规律和路径对策，具有重要的参考借鉴意义。

2. 实践研究价值

（1）与国民经济重大实践问题相结合。将新型城镇化视角下的热点问题包括人口城镇化、土地城镇化、农民工市民化、城镇化质量、城乡统筹、能源资源节约利用、城镇体系集约化布局和生态文明建设等进行整合研究，并与国民经济重大实践问题即老工业基地的全面振兴相结合，涉及面广，指导性强，对于经济社会问题的进一步解决和老工业基地的再辉煌等具有重大的现实意义。

（2）具有较强的实践借鉴价值。以吉林省为研究对象，在新型城镇化发展过程与评价前提下，全面分析新型城镇化发展特征与机制，提出新型城镇化发展路径，对于城市发展方向的确定、城市功能的选择、城市空间组织的优化、区域战略政策的制定与实施及小康社会的实现等具有重要的实践价值，为我国老工业基地的改造发挥较好的借鉴和参考作用。

（二）研究目标

通过整理汇集国内外城镇化、新型城镇化及老工业基地新型城镇化发展的理论与实践，试图建立吉林省新型城镇化发展的理论研究体系，探索一套与吉林省经济社会发展阶段相适应的路径和模式，探讨吉林省新型城镇化发展的过程、格局、特征、机制和路径，总结新型城镇化发展演化规律，以提升城镇化质量为重点，以体制机制创新为动力，旨在为各地方政府部门出谋划策提供依据，为吉林省创新、统筹、绿色、开放和安全"五大发展"及老工业基地的全面振兴指明方向，使其在未来日趋激烈的综合竞争中处于有利地位。

三、研究区域与研究内容

（一）研究区域

吉林省因省会最初设置在吉林市而得名，地处 40°52′~46°18′N，121°38′~131°19′E，位于中国东北地区中部松辽平原腹地，北邻黑龙江省，南接辽宁省，西靠内蒙古自治区东部，东与俄罗斯接壤，东南隔图们江和鸭绿江与朝鲜相望。吉林省自然环境与人文环境独特，素有"白山松水"之称，呈现西北窄、东南宽的狭长形，其中东西最长 769.62 千米，南北最宽 606.57 千米。

吉林省现辖 1 个副省级城市（长春市），7 个地级市（吉林市、松原市、通化市、辽源市、白城市、四平市、白山市），1 个自治州（延边朝鲜族自治州，简称延边州）和长白山管委会，包括 48 个市辖区、县和县级市，土地面积 $18.74 \times 10^4 km^2$，占到全国土地总面积的 1.95%，总人口 2752×10^4 人，占到全国总人口的 2.01%。

根据自然与社会经济特点，吉林省形成东部、中部和西部三大经济地带[13]。其中东部经济地带包含白山市辖区、抚松县、靖宇县、长白县、临江市、延吉市、图们市、敦化市、珲春市、龙井市、和龙市、汪清县、安图县、通化市辖区、通化县、辉南县、柳河县、集安市 18 个县域单元；中部经济地带包含长春市辖区、农安县、九台市、榆树市、德惠市、吉林市辖区、永吉县、蛟河市、桦甸市、舒兰市、磐石市、四平市辖区、梨树县、伊通县、公主岭市、双辽市、辽源市辖区、东丰县、东辽县、梅河口市 20 个县域单元；西部经济地带包含白城市辖区、镇赉县、通榆县、洮南市、大安市、松原市辖区、前郭县、长岭县、乾安县、宁江区 10 个县域单元。

（二）研究内容

第一，新型城镇化发展的基础总结，包括理论基础和实践借鉴。其中，理论基础主要介绍城市化、城镇化与再城市化、再工业化与新型工业化及新型城镇化的基本概念，劳动地域分工、经济地域运动、区域经济演化、创新、中心地理论、城乡一体化等基本理论及国内外相关研究综述；实践借鉴主要介绍国外城镇化和国内新型城镇化发展的实践活动，为后文实证研究做好充足准备。

第二，吉林省新型城镇化发展的"过程—特征—机制"分析，包括过程与评价、基本特征和动力机制。其中，过程与评价主要介绍新型城镇化发展阶段，建立全国和吉林省新型城镇化评价体系，测算比较新型城镇化水平及其空间演变格局；基本特征是定量分析新型城镇化效率、土地城镇化与人口城镇化水平、基本公共服务水平、四化发展水平和城市综合承载力；动力机制主要包括传统城镇化发展模式的亟须转型、新型城镇化战略政策的科学指导、经济持续健康发展的"多业"支撑、东北亚区域开放的独特区位条件及老工业基地全面振兴的鼎力支持。

第三，吉林省新型城镇化发展的路径选择，包括体制机制改革、产业结构调整、城镇空间优化、市场全面开放和绿色生态转型。其中，体制机制改革包括国有企业改革、行政审批制度改革和政府职能转变；产业结构调整包括全方位加快创新驱动发展战略的转变和积极促进产业结构的合理化与高级化；城镇空间优化包括打造集约高效的新型城镇化空间格局、实现以改善民生为重点的城乡一体化及构建科学合理的新型城镇化规划体系；市场全面开放包括协调省内发展、明确职能分工、密切省区联系、培育壮大物流、扩大与俄联动、稳妥与朝合作、建设通道口岸、维护出海权益；绿色生态转型包括推进资源节约的绿色生态转型和环境友好的绿色生态转型。

四、研究方法与技术路线

（一）研究方法

1. 综合学科视角

以城市地理学、人文地理学、经济地理学、区域经济学、区域经济地理学、产业经济学、生态学、环境学、计量地理学、城市规划学等为学科背景，总结测算吉林省新型城镇化发展的过程与评价、基本特征、动力机制等，通过综合思维方法，从不同侧面提出吉林省新型城镇化发展的路径对策。

2. 定性分析与定量计算相结合

定性分析贯穿于整个研究的始末，尤其侧重总结新型城镇化的理论基础和实践借鉴，阐述吉林省新型城镇化发展的演变过程、动力机制与路径选择等；基于新型城镇化科学内涵特征，利用极值标准化和熵值法等建立符合区域实际的新型城镇化评价指标体系，运用 ArcGIS 10.0、OpenGeoDA、SPSS 18.0、Origin 8.0、Deap 2.1、Corel DRAW 9 等软件，借助趋势面分析、探索性空间数据分析、平均增长指数、空间变差函数、耦合协调度、脱钩分析、数据包络分析等定量计算方法，检验定性结论，增强研究的科学性和可信度。

3. 理论分析与实际调查相结合

鉴于本书是关于吉林省新型城镇化发展的实证分析，因此在国内外城镇化与新型城镇化的概念内涵、基本理论及研究综述分析基础上，深入吉林省不同类型的区域与城市，如城市群、都市区、典型城市、开发区、工业园区、旅游景区、出口加工区、中俄互市贸易区、边境经济合作区、边境口岸城市、特色农畜产品生产加工企业和物流企业等进行实地调研与座谈，与区域实际发展状况紧密结合，为吉林省新型城镇化研究提供翔实依据和具体材料。另外，深入其他老工业城市如大连、沈阳、抚顺、铁岭、绥芬河、阿尔山、乌兰浩特、哈尔滨等进行调研，为吉林省新型城镇化发展的比较研究奠定坚实基础。

4. 系统分析方法

系统论是研究复杂事物内在规律的科学思想，是考察客观世界发展机制的有效工具。本书采用系统论的基本理论和科学思维，通过分析国内外城镇化与新型城镇化的理论基础和实践借鉴，将吉林省新型城镇化的发展放到系统层面，从新型城镇化不同层面剖析"特征—机制—路径"等的内在联系，分析吉林省新型城镇化的系统运动规律，整体上把握课题研究。

（二）技术路线（图1-1）

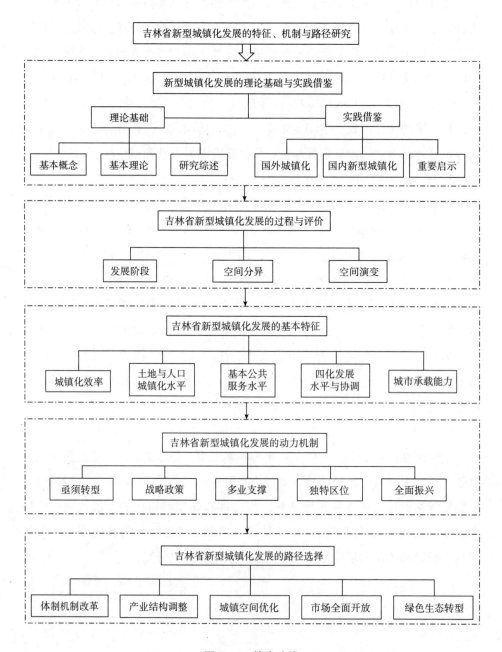

图1-1 技术路线

第二节　基本概念辨析

一、城市化、城镇化与再城市化的概念辨析

（一）城市化的概念辨析

1859 年，马克思在《政治经济学批判》中首次提及城市化，指出："现代历史是乡村的城市化，而不像古代的城市乡村化"，可见政治经济学对于早期城市化研究促进作用明显[14]。1867 年，西班牙工程师塞尔达（A. Serda）在《城市化的基本理论》中首次使用 urbanization 概念，标志着城市化理论研究新的开始[15]。1899 年，康奈尔大学毕业生阿德纳·斐伦·韦伯在《十九世纪城市的发展》中得出，世界城市化是 19 世纪最显著和最普遍的特点之一等。这些研究成果逐步引发新一轮城市化发展浪潮，田园城市、卫星城市、世界城市、城市地区、有机疏散、中心地理论等逐渐丰富与扩展起来[16-19]。

美国学者弗里德曼（J. Friedmann）认为，城市化是包含社会空间的多维复杂过程，包括两个阶段：阶段 I 是农村人口和非农业活动在不同规模城市环境的地域集中和非城市景观向城市景观的地域推进，阶段 II 是城市文化、生活方式和价值观向农村的地域扩散[20]；戴维斯（Kingsley Davis）于 1972 年提出城市化过程基本遵循逻辑斯蒂曲线，之后地理学家诺瑟姆（Ray M. Northam）于 1975 年首先画出城市化逻辑斯蒂曲线，认为城市化发展包括三个阶段，即初期缓慢起步阶段（城市化水平 < 30%）、中期加速阶段（30% < 城市化水平 < 70%，50% 时加速度最高）和后期成熟稳定阶段（城市化水平 > 70%）[21]，后来针对第二阶段划分过于粗糙等问题，提出城市化发展的四阶段理论，即：起步阶段（城市化水平 < 30%）、缓慢发展阶段（30% < 城市化水平 < 60%）、快速发展阶段（60% < 城市化水平 < 80%）和维持调整阶段（80% < 城市化水平 < 100%），城市化发展呈现一条稍被扁平拉长的"S"形

曲线，如图 1 - 2 所示。

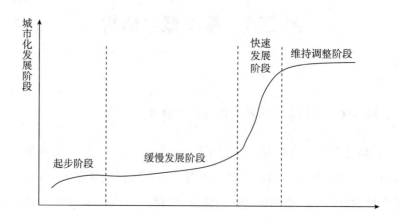

图 1 - 2　城市化发展的"S"形曲线

综合看，人口学、经济学、社会学、地理学、资源环境学等从各自研究方向、研究领域和研究目的出发，对城市化概念做出不同解释，经过归纳总结可知，城市化至少包含乡村—城市之间人口结构、经济结构、地域空间和生活方式的四种转型[15]。当前，针对城市化过程中出现的一系列复杂科学问题和现实需求，Solecki 呼吁尽快建立城市化学科，旨在有效减少杂烩式研究成果的大量出现，便于综合全面地理解城市化[22]。

（二）城镇化的概念辨析

城镇化属于"中国制造"，多用于国家政策层面。1949 年，我国政府工作重心由乡村转向城市，1951 年 7 月，《城市户口管理暂行条例》中的镇还不在城市管理之列，1955 年 6 月《国务院关于建立经常户口登记制度的指示》首次提出集镇，包括城镇和乡镇，同年 11 月《国务院关于城乡划分标准的规定》将符合"常住人口大于 2000 且 50% 以上为非农业人口的，或设置市人民委员会和县（旗）以上人民委员会的地区"两个条件之一的，定为城镇，城镇化研究自此起航[23]。20 世纪 70 年代末，urbanization 概念引入我国，随着1979 年吴友仁《关于中国社会主义城市化问题》的发表，我国城镇化研究开始快速发展[24]。

辜胜阻第一次使用并拓展城镇化概念，认为农村人口向城镇集中是一场深刻的制度变迁，包括自上而下和自下而上两种模式，未来城镇化发展的关键是解决"钱从哪里来、人往哪里去和农民工市民化"问题[25]；邹德慈认为，城镇化是实现工业化与现代化进程中的社会变迁和客观规律的反映[26]。周一星认为，城镇化是实体和精神的双重变化，即农业活动和乡村人口比重下降、非农业活动和城镇人口比重上升及居民物质面貌与生活方式向城镇性状的转化或强化，1982 年引入城镇化"S"形曲线，并做修改，指出不应将 30% 和 70%作为三阶段拐点而绝对化，应更多关注城镇化质量[27]。陆大道认为，城镇化以科学发展观为指导，以循序渐进为原则，符合国情，呈现高密度、高效率、节约型和现代化[28]。周干峙认为，城镇化与城市化基本同义，即农业人口向非农业人口的转移及生产和生活方式集约程度的提高，前者涉及城镇人口比重、村镇与城镇设施水平及城镇布局结构等具体状况，后者指一般抽象概念，是工业化与现代化的结果[29]。

总之，城市化与城镇化均属舶来词语，都是在对 urbanization 的不同理解基础上形成的，代表城市化发展的不同阶段，即农村城镇化和城镇城市化[30]。鉴于我国城镇化道路的特殊性和建制镇设立的普遍性，本书采用城镇化一词进行表述。

（三）再城市化的概念辨析

1982 年，列奥·范登贝格在《城市欧洲：一项关于增长与衰落的研究》中指出，城市化发展包括城市化、郊区化、逆城市化及再城市化四个阶段，再城市化一词开始出现[31]，之后再城市化引起学术界的广泛关注。不同学者对于再城市化的概念界定不同，汉斯·迪特·哈斯等认为，再城市化即中心城区的人口比城市周边的人口有着更为有利的发展。郑春荣认为，再城市化是中心城区人口和城市周边人口变化的相对性（见图 1-3），包括城市中心人口增长，城市周边人口衰退；城市中心人口快速增长，城市周边人口缓慢增长；城市中心人口缓慢衰退，城市周边人口快速衰退三种类型[32]。黄顺江等认为，再城市化是针对城市化地区开展以质量提升为目的的二次城市化过程[33]，与新型城镇化在内容特征、表现形式、具体内涵等方面基本相似，不仅是指物与形的城市化，更是人的精神与本质的城市化，在原有城市化水平基础上，加快农村城市化和农民市民化等。

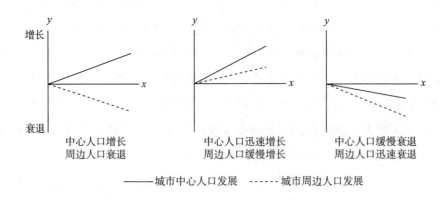

图1-3　再城市化的三种类型

资料来源：郑春荣，夏晓文. 德国的再城市化［J］. 城市问题，2013（9）：82-88.

二、再工业化与新型工业化的概念辨析

（一）再工业化的概念辨析

再工业化概念经历工业化、工业化扩散、去工业化和再工业化四个阶段（见图1-4），是一种工业经济走向另一种工业经济的"回归"战略，区别于服务经济取代工业经济的去工业化。美国高级顾问阿尔泰·埃兹厄尼首先提出再工业化一词；20世纪70年代初，韦伯斯特词典（1968年版）认为，再工业化是在政府的帮助与支持下，旧工业部门复兴与现代化、新兴工业部门增长的一种经济刺激政策，西方发达国家针对重工业基地的衰退问题首次提出再工业化，但当时许多发达国家正处于去工业化的浪潮中，再工业化并没有得到应有的重视；80年代中期，詹姆斯·米勒认为，再工业化旨在通过市场机制调整升级产业结构，重振美国经济竞争力，是一种积极的产业政策选择，Roy Roth-well认为，再工业化是产业结构向高附加值、知识密集型产业及以新技术创新为主且服务于新兴市场的产业转型的过程；2008年美国次贷危机全面爆发以来，美德日等重提再工业化，即产业结构面临经济衰退、高附加值和知识密集

要素的结构性因素，以及"战后"产业进入市场饱和与成熟阶段所需的转型[34]。如图 1 – 4 所示。

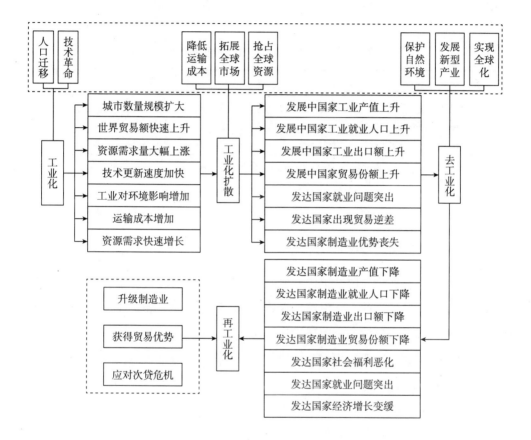

图 1 – 4　再工业化的动力机制

资料来源：周春山，刘毅. 发达国家的再工业化及对我国的影响［J］. 世界地理研究，2013，22（1）：47 – 56.

（二）新型工业化的概念辨析

新型工业化于 2002 年"十六大"报告中正式提出，与传统工业化相对，其强调工业化和信息化两者的有机融合。新型工业化是对中国特色工业化发展道路的深化，作为小康社会全面建成的必然选择，是基于国内外工业化发展的经验教训及我国国情和国内外形势变化做出的战略性调整，本质是工业化，具有全局性的指导意义。新型工业化与再工业化具有高度一致性，但在主要内容、产业部门和指导阶段方面有着明显区别（见表1-1），再工业化是新型工业化在老工业基地全面振兴或小康社会全面建成阶段的具体实践。

表1-1　新型工业化与再工业化的主要区别

主要区别	新型工业化	再工业化
主要内容	工业化与信息化有机融合	工业化
产业部门	涵盖所有的产业部门	工业部门及与工业紧密联系的部门
指导阶段	我国现代化发展道路的始终	老工业基地全面振兴或小康社会全面建成阶段

资料来源：林木西．探索东北特色的老工业基地全面振兴道路［J］．辽宁大学学报（哲学社会科学版），2012，40（5）：1-9。

三、新型城镇化的概念辨析

新型城镇化作为我国城镇化发展的必然趋势和历史转折的需要，是城市转型及其健康稳定发展的全新引擎，有着十分丰富的科学内涵，涉及地理学、经济学、生态学、人口学、资源环境学、社会学等多个学科和视角，是一个非常复杂的系统工程，需要运用综合性的科学思维循序渐进地实现，但至今为止尚未形成明确统一的界定标准，学者们从不同学科和视角对其赋予许多不同的观点，如表1-2所示。

表1-2　国内学者关于新型城镇化的概念界定

主要学者	主要观点
王发曾	新型城镇化与传统城镇化有着根本区别，是有中国特色的健康城镇化，包括功能、结构、质量的内涵优化和规模、数目、地域的外延扩展，是能够适应和推动社会进步与生产力提高的城镇生产生活方式、性质状态逐步扩展和深化的过程[35]
彭红碧	新型城镇化以科学发展观引领思想，以集约化和生态化为发展模式，以城镇功能的多元化和城镇体系的合理化为基本内容，以城乡一体化为基本目标[36]
张占仓	新型城镇化与传统城镇化相对而言，是经济高效、资源节约、环境友好、社会和谐、文化繁荣、大中小城市与小城镇协调、城乡互促共进、个性鲜明的城镇化[37]

续表

主要学者	主要观点
牛文元	新型城镇重点在于城乡一体化，着力改善农村和新增城镇居民的生活生存质量，根本上是城乡动力、城乡质量和城乡公平的有机统一[38]
张占斌	新型城镇化强调要素城镇化与人的城镇化的双核驱动、协调并举，强调水平适当、速度适中、城乡协调、布局合理和发展可持续[4]，包括四化协调、产城融合、城乡统筹和农村文明延续；人口、资源、经济和环境协调，生态文明和中华民族永续发展；以城市群为主体，大中小城市与小城镇协调；农业转移人口市民化和公共服务协调的全面发展[39]
王　凯	新型城镇化是未来社会经济发展的必然选择，内涵主要体现在五个方面，即：以人为本、四化协调、布局合理、生态文明和弘扬文化[40]
单卓然	新型城镇化是以民生、质量和可持续发展为核心内涵，以幸福、平等、绿色、转型、集约、健康城镇化为目标，以区域统筹与协调、产业升级和低碳转型、集约高效和生态文明、体制机制的改革与创新为重点内容的城镇化过程[41]
马永欢	新型城镇化以城镇化、工业化、农业现代化和信息化的同步发展为导向，以城乡统筹为特征，以资源节约型和环境友好型"两型"社会的建设为契机，以城乡均质化理念为引领，提升农村生产生活与文化方式，实现土地的单一资源属性向"资源—资产—资本"方向转变[42]
方创琳	新型城镇化是高效低碳、节约创新、智慧平安、生态环保的可持续健康城镇化，是一种综合型、质量型、主动型、渐进式、市场主导型的城镇化，与全面建成小康社会和实现可持续现代化的战略目标一致[43]

综上所述，新型城镇化是时代背景下的产物，其提出主要是为了纠偏纠错，对错综复杂、层出不穷和盘根错节的新旧问题及潜在危机进行的扬弃和超越，是传统城镇化在概念内涵、特征本质、目标内容和实现方式上的全面提升（见表1-3）[44-47]，并没有全盘否定传统城镇化发展道路，即：新型城镇化是在科学发展观和可持续发展理念引领下，坚持四化协调、生态文明、城乡统筹、集约高效和因地制宜等基本原则，将以人为本理念贯穿于城镇化发展始终，通过实现人口城镇化、提升城镇化质量、优化城镇化格局及创新体制机制等，探索并创新城镇化发展的新模式、新机制和新路径，最终促进经济转型升级与社会和谐进步的城镇化过程，是一种可持续的城镇化发展道路。

表1-3 新型城镇化与传统城镇化的主要区别

主要区别	传统城镇化	新型城镇化
核心内容	土地城镇化	人口城镇化
驱动力	资金、资源、政策等	创新、智慧
城乡关系	二元结构	一体化
资源环境	消耗自然资源，破坏生态环境	资源节约型，环境友好型
实现主体	政府	政府、企业、民众
实现路径	激进型	渐进式
追求目标	城镇化速度	城镇化质量
呈现状态	亚健康城镇化，"城市病"问题严重	健康城镇化和可持续发展

第三节　基本理论综述

一、劳动地域分工理论

劳动地域分工是人类经济社会活动的固有现象，是错综复杂的经济地域及经济地域系统形成发展的首要机制。亚当·斯密最早对劳动地域分工理论进行阐述，指出各生产者根据自身利益和当地条件，集中生产对其有利可图的产品，通过销售获取经济收益然后购置所需的其他物品，形成以绝对利益为原则的地域分工；大卫·李嘉图运用比较效益原则，即只要一国或一地区能以较低的成本生产产品，那么两国或两地区之间就能够产生地域分工，国际贸易或区际贸易也会发生；马克思主义经典作家认为，分工是社会经济发展的客观规律，分工促进部门专业化和地域专门化，提高社会劳动生产率，推动商品经济不断发展；20世纪以来，俄林、小岛清、巴朗斯基等对分工理论有所发展，其中巴朗斯基首次从地理学视角阐述劳动地域分工理论是社会分工的空间形式，是一地区为另一地区生产产品并相互交换其产品，将其与经济区、经济地域组织形式相联系；陈才教授指出，劳动地域分工即人类经济活动按照各地区条件与优势进行的分工，重点发展有利的产业部门，以其产品与外区相互交换，是劳动部门分工在地域上的落实和体现，是社会生产力向前发展的强大杠杆，是世界经济一体化形成发展的动力[48]。

未来我国新型城镇化发展必须结合区域自然条件、社会经济条件所处的具体阶段，全面分析区域发展的优势、劣势、机遇和威胁，高效利用有限的能源资源，合理选择并做强区域主导产业，有针对性地壮大关联产业、支柱产业、基础性产业和潜导产业，避免产业结构高度趋同、重复建设及恶性竞争，明确城市发展方向和城市功能定位，避免盲目跟风，加强职能分工，合理设立城市开发区、新城新区和智慧城市，做好城镇体系规划，构建科学合理的区域城镇等级体系，使各行政单元在更大一级的区域综合竞争中处于更加有利的地位，提升区域综合竞争力，为实现要素有序自由流动和区域协调互动奠定基础。

二、经济地域运动理论

经济地域运动理论从地域运动视角阐释经济地域和经济地域系统形成发展的规律性，既包括人口、生产与生活资料、资金、科技、文化观念等要素的流动组合，也包括经济地域整体的流动组合（见图 1－5）。董锁成于 1994 年首次阐述经济地域运动概念，即经济地域系统的成分（物质和非物质）、结构（部门和空间）、功能规模（地域范围和经济实力）及等级（空间演变结构和经济发展水平）等在不可逆的有机空间的演变过程[49]。当前，经济地域运动呈现许多新的特点，如运动载体多元化，网络运输作用愈发突出，人的载体作用增强；内容日趋复杂化，高技术含量和附加值的产品流动频繁，金融资金、科技信息和管理经验的流动速度加快，人才流动对区域经济影响很大；组合形式越发复杂，形成经济地带、经济区、城市地域、地缘经济地域等。

我国新型城镇化发展面临城市与乡村、中心与外围及区与区、国与国之间人口、劳动力、能源资源、生活方式、价值观念等各种要素的地域运动问题，资源要素的有序自由流动利于以城带乡、以工促农、城乡一体新型城乡关系的形成，中心—外围经济联系的增强，区域一体化和全球一体化的最终实现等，通过优势互补和优势叠加将分散的经济活动组织起来，推进社会、经济、文化的互动交流和贸易往来，缩小地区经济发展水平、社会文化生活、产业结构层次等的差异，打破行政区经济，避免极化效应和路径依赖，避免优势要素过度输出，提高区域综合竞争力，打造区域共同体，推动走向全方位开放。

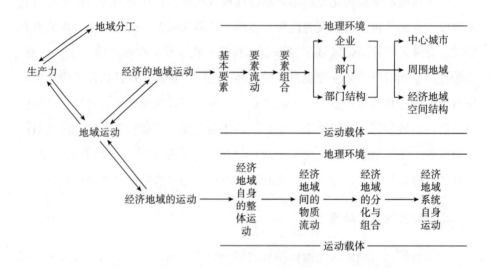

图1-5 经济地域运动示意图

资料来源：陈才．区域经济地理学（第二版）［M］．北京：科学出版社，2009．

三、区域经济演化理论

首先是增长极理论。法国经济学家弗朗索瓦·佩鲁认为经济增长首先出现在创新行业，这些创新行业即增长极，而后充分支配效应、极化与扩散效应和乘数效应，为周边中小城镇发挥示范引领，对区域产业结构和空间结构的变化及城市群与城镇体系的建立完善产生重大影响。

其次是经济增长阶段理论。美国区域经济学家胡佛和费舍尔在《区域经济增长研究》中认为，区域经济增长包括自给自足、乡村工业崛起、农业生产结构转换、工业化和服务业输出五个阶段。罗斯托在《经济增长的阶段》中认为，区域经济增长包括传统社会、为经济起飞创造前提、经济起飞、成熟、高额消费和追求生活质量六个阶段。陈栋生在《区域经济学》中认为，区域经济增长是渐进的过程，包括待开发、成长、成熟和衰退四个阶段。

最后是相互作用理论。其中：著名发展经济学家赫希曼借助极化涓滴效应解释发达地区（北方）与欠发达地区（南方）经济相互作用及影响，北方经济增长对南方产生的不利和有利作用分别称之为极化效应和涓滴效应，梯度推移学说主要包括两种方式，即创新从发源地向邻近城市转移和创新从发源地向距离较远的二级城市转移。以此类推，弗里德曼在《区域发展政策》中提出中心外围理论，指出个别区域率先发展成为中心，居于统治地位，其他区域缓慢发展成为外围，依赖于中心，中心与外围存在不平等发展关系[50]。

我国新型城镇化发展必须遵循区域经济发展规律和发展阶段，在充分了解各地区社会、经济、自然等诸多条件的基础上，吸收、借鉴国内外发展经济学的先进理论和经验，重视传统城镇化和传统工业化的转型升级，将城镇化质量的提升作为新型城镇化追求的唯一目标。不断发展壮大大城市与特大城市，增强对外围城镇的带动示范，以城市群为载体，加快区域一体化，增强综合竞争力，加强与其他地区及周边国家的交流合作，避免优势要素的过度输出，增强自身的内生动力，在区域经济发展过程中逐渐处于有利地位。

四、创新理论

美籍奥地利经济学家熊彼特（Joseph A. Schumpeter）1912 年在《经济发展理论》中将创新引入经济学，提出创新理论，成为创新的最早研究，1942年的《资本主义、社会主义和民主主义》标志着熊彼特创新理论体系的最终完成，认为创新是区域经济增长的主要源泉，企业是实现经济增长的最活跃主体，明确区域经济发展的长期性和动态性，将创新内容概括为采用一种新的产品或产品的一种新特性、采用一种新的生产方法或工艺流程、开辟新的市场、开辟原材料的新供应源、实现一种工业的新组织或管理方式五方面内容，归纳起来，即为产品创新、技术创新、市场创新、资源配置创新和制度创新。我国学者于 20 世纪 80 年代对创新理论开始研究，具有代表性的表述有：创新是从新思想到行动；创新是对一个环境或组织新变化的接受，创新是开发新事物的过程；创新是运用相关知识信息创造或引进有用新事物的过程，创新是复杂的系统化过程，是在不同社会因素、社会组织的影响作用中产生发展的；创新是与经济和技术结合的过程，必须以市场为导向，存在多重循环、多组织和往复的交叉；创新是创新主体间学习互动的过程，要求各创新主体间相互联系和相互作用等[51]。

创新能力不足是我国新型城镇化进程中内生动力缺失的根本原因，针对部分地区制度创新与文化创新步伐落后，国有企业社会负担重，私营企业和个体经济缺乏活力，自主创新能力较低，企业设备和工艺明显老化，创新创业环境较差，专业协作化水平低，人才流失问题严重，科技优势尚未转化成经济优势，高技术产品比重偏低等问题，考虑到"十三五"时期是我国由投资驱动和外向驱动为主向创新驱动和内需驱动转型的重要阶段[52]，未来新型城镇化发展必须主动适应经济发展新常态，由要素驱动向创新驱动转变，以制约创新创业的突出矛盾为出发点，消除城镇化过程中的制度障碍，激发创新活力和创新热情，创新发展思路，依靠"互联网＋"、大数据、云计算等，实现产业结构向中高端迈进，促进传统产业提质增效，将人才置于优先位置，统筹中央政府顶层设计与地方责任群体的关系，上下联动，重塑区域竞争新优势。

五、中心地理论

德国城市地理学家沃尔特·克里斯泰勒（W. Christaller）于 1933 年在《德国南部的中心地》中系统阐述中心地理论的基本概念、方法体系和理论基础，分析德国南部慕尼黑、斯图加特等中心地的规模、数量和分布情况，将逻辑演绎结果和实践归纳结果进行对照，成为区域城镇规模及职能体系、商业服务尤其是零售业优化布局的基础理论。中心地理论推导出理想地表的聚落分布模式，分别遵循市场、行政和交通原则，在三种不同原则下又会形成不同的中心地空间模型，其中：市场原则是中心地系统空间模型建立的基础，这一模型是基于四个假设前提下构成的，包括中心地是均质分布的平原，区内交通条件相同，消费者就近购买，相同的商品在区内中心地售价一致等，市场原则形成的各等级中心地市场区总是比低它一级等级中心地市场区的 3

倍，形成 $K=3$ 的系统模型。也就是说，不同规模中心地市场区的区域范围比例是 $1:3:9:27:81$……不同规模中心地数量关系比例是 $1:2:6:18:54$……；行政原则形成的各等级中心地市场区总是比低它一级等级中心地市场区的 7 倍，形成 $K=7$ 的系统模型，也就是说，不同规模中心地市场区的区域范围比例是 $1:7:49:343$……不同规模中心地数量关系比例是 $1:6:42:294:2058$……；交通原则形成的各等级中心地市场区总是比低它一级等级中心地市场区的 4 倍，形成 $K=4$ 的系统模型，也就是说，不同规模中心地市场区的区域范围比例是 $1:4:16:64:256$……不同规模中心地数量关系比例是 $1:3:12:48:192$……根据中心地理论可知，低级中心地倾向于市场原则布局，中级中心地倾向于行政原则布局，高级中心地倾向于交通原则布局，但无论哪种原则，不同等级的中心地数量递增，均呈现"顶尖底粗"的金字塔型结构[15,50]。

我国传统城镇化发展过程中普遍存在空间结构不合理的问题，呈现特大城市迅速膨胀、中小城市与小城镇愈发萎缩的两极化倾向，城镇规模结构和空间结构不均衡态势明显[53]。中心地理论对于新型城镇化进程中城镇体系与村镇体系的空间布局研究具有重要的指导价值，未来应根据城镇区位特征、规模特征与等级结构特征，基于市场原则、行政原则和交通原则，重构城镇群网络体系，优化城镇化空间格局，提升人口和产业的空间集聚度，实现区域协调发展。

六、城乡一体化理论

城乡关系是一个渐进动态的发展过程，先后经历乡村孕育城市、城乡分割、城乡对立和城乡融合的过程。城乡一体化理论最早可追溯到空想社会主义者的乌托邦构想，如托马斯·莫尔（Thomas More）在《乌托邦》中描述一个"没有城乡分异的理想社会"。傅里叶（CharlesFourier）和欧文（RobertOwen）批判资本主义，设想构建"法郎吉"的和谐和会，提出"新和谐社会"的概念。虽然空想社会主义者的城乡融合设想无法真正实现，但是为后来城乡关系的彼此融合研究提供思路。1776 年，亚当·斯密系统阐述城乡发展的顺序与演变，认为城镇规模的扩大和财富的增长均是乡村耕作和改良发展的结果，且按照耕作和改良发展比例的增大而扩大，该思想成为城乡统筹理论的研究典范，也是对城乡关系理论的系统研究[54]。马克思主义经典作家总结人类社会发展的客观规律，认为城乡关系一般经历"一体、分离、联系和融合"的过程，将由对立逐渐走向融合与一体，提出城乡融合的概念。上述思想均强调城乡对立关系的消失，认为城乡融合必须经过长期的社会历史过程，一定程度上加快社会领域城乡关系的解析[55]。

受其影响，英国城市学者埃比尼泽·霍华德（Ebenezer Howard）在《明天：一条引向真正改革的和平道路》一书中首次倡导通过城乡一体化的社会结构形态取代城乡对立，该思想明确城乡结合发展的观点，甚至被用于实践活动；芬兰建筑师伊利尔·沙里宁（Eliel Saarinen）提出有机疏散理论，构建城乡区域均质体；美国城市建筑师弗兰克·劳埃德·赖特（Frank Lloyd Wright）提出广亩城设想，强调城市分散发展思想；美国城市学家刘易斯·芒福德（Lewis Murnford）大力支持霍华德的田园城市思想，指出城乡同等重要，不能截然分开，应该有机结合在一起；加拿大经济地理学者麦基（T. G. McGee）认为，城市化进程中存在城乡联系空间区域，这一区域或位于大城市间的交通走廊，或位于城市外围，或位于人口稠密的农村地区，区内人流与物流频繁，农业活动与非农业活动并存，构建 Desakota 模型等，成为城乡统筹研究的经典理论[56-60]。综合看，城乡关系理论经历"合—分—合"的过程：早期的理论家多强调城乡紧密联系，二元结构理论是城乡关系研究的转折点，成为城市偏向和城乡分割的理论策源地，近年来城乡关系发生某种"回归"，城乡关联成为共识[61]。

在我国传统城镇化发展过程中，城乡二元结构明显，城镇经济日渐繁荣，农村人口城镇化进程受阻，城乡距离不断拉大，城乡关系逐渐失调，人地矛盾凸显，严重制约了我国经济发展。新型城镇化进程中城乡一体化的重点在于农业转移人口市民化、公共服务与基础设施均等化和城乡产业一体化，既要实现城镇现代化发展，又要留住乡愁[62]，整合功能不同、大小不同的各类聚落体系，推进工业与农业、城市与乡村的整体谋划，加快新农村建设和新型城镇化建设的统筹，强调城乡协调[63]。另外，推广基于梯度城镇化的城乡一体化发展模式，循序渐进，将人口城镇化的梯度转移划分为诱发阶段、培育阶段、转移阶段及融合阶段，增强城镇化发展过程的弹性[64]。

第四节　国内外相关研究综述

一、国外研究进展

新型城镇化属于中国特有名词，国外虽然没有直接关于新型城镇化的研究成果，但部分研究内容与新型城镇化内涵特征基本一致。

（一）城镇化质量研究

国外关于城镇化质量的研究侧重于和谐城市、城市可持续性、城市人居生活质量和健康城市等内容，基于复合指标的量化测评成为常用方法[65]。联合国人居中心（UN – HABITAT）2002 年提出城市发展指数（City Development Index，CDI），包括健康、教育、基础设施、城市生产和废品 5 个部分，涉及11 个指标[66]，2004 年提出城镇指标准则（Urban Indicators Guidelines，UIG），包括社会发展与消除贫困、经济发展、管制、环境治理和居住 5 个部分[67]，为城镇化质量研究提供标杆和依据；Marans 和 Stimson 在《调查城市生活质量》一书中从经济、住房、就业、教育、医疗、治安、环境、游憩等方面评价城市生活质量[68]。

（二）城镇化水平的综合测度

1960 年，日本城市地理学家稻永幸男等提出城镇化测度的"城市度"概念，包括城市规模、城市经济活动、城市区位、城市人口增长和城市就业 5 个方面 16 个指标，研究东京郊区的城镇化推进情况[69]。1971 年，日本东洋经济新闻报社学者在《地域经济纵览》中提出城镇化测度的"城市成长力系数"概念，包括总人口、地方财政支出、二产从业人员比重、三产商业从业人员总数、工业总产值、住宅建设总面积、电话普及率和居民储蓄率等 10 个指标。

英国地理学家克劳克从职业、人口、距离城市中心远近和居住等方面建立包含16个指标在内的城镇化测度体系[70]。N. G. Zqin 采用综合指标法研究印度城镇化水平[71]。

（三）城市开发概念研究

城市开发概念是针对城市化升级过程中的城市问题，制定城市政策并系统实施和管理的过程，先后经历20世纪50年代的城市重建、60年代的城市振兴、70年代的城市更新、80年代的城市再开发和90年代的城市再生五个阶段，具有连续性。"二战"以后，西方城市百废待兴，大规模的城市重建活动陆续展开，置换内城区土地，开发郊区，完善城市基础设施，清理市中心贫民窟，拆除底层私人建筑，解决住房短缺问题，改善生活条件；60年代，人们认为以物质改造内容为主的城市重建计划不能解决城市发展的实质问题，必须调整城市开发政策，城市振兴成为解决城市就业、冲突和贫困的根本性措施，郊区化趋势明显增强；70年代，随着城市问题的日趋复杂，城市内涵式更新成为新思维，保留历史建筑的旧有风貌，改建、扩建、装饰各类建筑，提高土地利用价值，强调公众参与和社会发展，寻求城市就业与人口的均衡，一定程度上削弱城市竞争力；80年代，进入大拆大建为特色的城市再开发阶段，强调政府机构和私人部门合作，建设大量的示范项目、开发项目和城镇之外的项目，造就一批新城区，同时也破坏了城市传统文脉和产业基础；90年代以来，城市增量空间不断减少，在可持续发展理念影响下，存量空间的改造成为城市建设的主体，进入城市再生阶段，强调城市增长的约束性、城市政策的功能变化及物质条件和社会响应的联系，强调城市文化根基的梳理及城市机理再造等。

（四）集约城镇化研究

土地集约利用是指在结构优化、布局合理、可持续发展前提下，通过增加土地投入、调整经营管理等，提高土地利用效率与效益，取得经济、社会和生态效益的过程，是经济发展、生态保护与粮食安全等多重压力下土地利用的必然选择[72]。威廉·配第、亚当·斯密、大卫·李嘉图、马歇尔、理查德、马克思等将地租作为早期土地集约利用研究的核心内容，阐述土地这一生产要素参与经济活动及收益分配的基本规律，形成土地边际收益的递减理论；杜能的农业区位论、韦伯的工业区位论、克里斯泰勒的中心地理论和廖什的市场区位论等从侧面阐明土地集约利用空间合理配置的经济规律，说明人类活动的最优空间模式，体现集约化土地利用的思想内涵[73]。近年来，随着可持续发展思想的深入贯彻和城市规划理念的转变，同心圆模式[74]、扇形模式[75]和多核心模式[76]等土地利用模式产生，精明增长[77]、集约式发展[78]、内填式开发[79]和紧凑式开发等理念受到重视。

紧凑城市（Compact City）由 Dantzing G. 和 Satty T. 于 1973 年在《紧凑城市——适于居住的城市环境计划》一书中最早提出，与城市蔓延相对应[80]。1990 年以来，土地利用规划和城市形态原则受到政策决策者的重视，紧凑城市获得广泛关注，成为城市可持续发展的重要理念之一，其中，欧共体委员会在《Green Paper on the Urban Environment》中将紧凑城市作为解决居住与环境问题的途径，强调紧凑城市的多用途、密度、文化和社会的多样性，在现有边界内解决城市问题，避免城市边界的不断延伸[81]。英国学者迈克·詹姆斯等在《紧缩城市——一种可持续发展的城市形态》中阐明紧凑城市概念的复杂性，对争议和共识做出全面梳理总结[82]。美国学者戈顿（Gordon）和理查德森（Richardson）认为，紧凑城市是单中心或高密度的发展模式[83]。布雷赫尼（Breheny）认为，紧凑城市即城市的重新发展和中心区的再次兴旺，强调农村限量开发、用地功能混用、优先发展公共交通等[84]。纽曼（Neuman）结合紧凑城市概念和城市蔓延问题，认为紧凑城市具有用地邻近发展、高度的职住密度、多模式城市运输体系、低比例开放空间、土地使用颗粒化、道路高度连接等 14 个方面的特征[85]。

精明增长（Smart Growth）形成于 20 世纪 90 年代，伴随西方发达国家因城市蔓延引起的城市边界模糊、郊区私有化住宅增多、低密度城市扩展、资源消耗巨大、开敞空间和农业用地消失等问题而出现[86]。美国马里兰州州长格伦迪宁（Glendening）1997 年明确提出精明增长的概念，发起该州的精明增长与邻里保护工程，颁布《精明增长与邻里保护法案》，其目标主要有保护剩余自然资源、将州政府安排至已建成基础设施或已被规划的地方、降低基础设施花费。同年，美国规划协会（APA）发布《精明增长立法指南》，美国自然资源保护委员会发布《精明增长方法》，以加快城市土地混合利用、集约增长和公交系统为导向的模式开发[87]。2000 年成立美国精明增长联盟（SMA），推动农田与开放空间的保护、适居社区和经济住房的建设、邻里复兴等。近年来，美国精明增长组织网络愈发庞大，精明增长的核心内容不断明确。综合看，精明增长的提出更多结合美国实际，减少继续开发新区域，重新划定已建区域的土地利用形式，通过合理调配各种资源重塑市区与郊区的空间结构，遏制城市蔓延，强调社会经济与环境的协同发展，提倡紧凑、集中和高效的城市发展模式，成为一种应对城市增长问题的全新管理方法和城市规划指导理念。

城市收缩（City Shrinking）作为城市发展的一个阶段，是城市社会经济和人口遇到问题，失去增长动能的表现，与从根本上否定城市发展动力的城市衰退不同[88]。城市收缩现象最早出现于 20 世纪初的西方发达国家，近年来全球收缩城市不断涌现，从英、意、芬、比到俄、中、哈，约有 25% 超过 10 万人口的全球大城市正处于人口萎缩状态[89]，其中美国自 20 世纪 50 年代以来，已有 16 个大城市进入收缩阶段，多数欧洲老工业城市（伦敦除外）处于收缩之中[90]，福布斯杂志公布 1 个世纪后最快消亡的城市名单包括底特律、旧金山、那不勒斯、威尼斯等，由此可见，收缩城市多分布于城市化和工业化程度较高的区域[91]。"收缩城市国际研究网络"认为，"人口规模大于 1 万、人口流失超过两年、经历结构性经济危机"的城市区域即为收缩城市[92]。一般认为，收缩城市出现的原因是制造业向服务业的经济转型、去工业化、社会体制转变、全球化、劳动力的结构性失业、产业资本的外流、人口老龄化、低生育率、人口外迁、自然或人为灾害、战争、郊区化、资源枯竭等因素的交织，使得经济活动衰退，城市增长基础动摇[93]，但不同国家和地区城市收缩的原因不同，如东欧国家经济制度剧烈变化下的人口外迁引起城市收缩，西欧国家经济转型与过低的人口出生率引起城市收缩等[94]。

（五）生态城镇化研究

1898 年，埃比尼泽·霍华德针对伦敦等大城市面临的卫生和拥挤等问题，在 *Garden Cities of Tomorrow* 中提出田园城市，认为田园城市兼具城市的高效组织、高度活跃及乡村景观的美丽怡人，是一种全新的城市形态。之后，《城市开发》《雅典宪章》、有机疏散理论、有机团理论、邻里单位思想、芝加哥学派等均体现着追求美好生活的愿望，渗透着人类生态学的思想光芒。"二战"以后，生态城市研究迅速蔓延。1952 年，帕克在《城市和人类生态学》中将城市比作类似植物群落的有机体。20 世纪 60 年代，保罗·索列里创新建筑生态学，认为牺牲自然结构建设城市是不明智的，倡导充分利用可再生资源。1969 年，麦克哈格在《设计结合自然》中指出城市规划设计与生态学结合，之后《寂静的春天》《生命的蓝图》《增长的极限》等极大促进城市生态学走向快速发展。20 世纪 80 年代，生态城市研究进入实践阶段，生态城市建设全面展开，如 1992 年美国加州的伯克利生态城市计划使其成为"亦城亦乡"的生态城市[95]。联合国教科文组织在"人与生物圈计划"中指出，生态城镇是解决城镇可持续发展最现实和最有效的途径之一，从生态学的角度阐释城镇化，并且提出生态基础设施、文化历史保护、生态保护战略、将自然融入城市、居民生活标准等生态城市规划 5 项原则，生态城镇化成为时代发展的主流。2003 年，英国在《我们未来的能源》中提出低碳经济，加快实现经济发展方式、人类生活方式和能源消费方式的新变革，促进现代工业文明转向生态文明，低碳城市作为低碳实践活动在全球范围内积极展开[96]。

（六）智慧城镇化研究

1990 年，"智慧城市、快速系统、全球网络"会议探讨通过智慧信息通信技术提升城市的竞争力和可持续发展，成为智慧城市研究的早期文献[97]。真正意义上的智慧城市，源于 2008 年 11 月 IBM 公司在《智慧地球：下一代领导人》中提出的"智慧地球"理念，该理念成为美国应对金融危机的有力选项和新经济增长点，进而引发智慧城市的建设热潮，之后欧盟提出包含智慧经济、智慧环境、智慧生活、智慧管理、智慧市民和智慧移动在内的共计六大关键要素的"智慧城市轮"（见图 1－6）；2009 年 IBM 公司首次提出智慧城市愿景，认为智慧城市即运用信息与通信技术手段，通过感测、分析并整合各项城市运行核心系统的关键信息，对环保、民生、城市服务、公共安全等需求做出智能响应，创造美好城市生活，具有全面透彻的感知、智能融合的应用、宽带泛在的互联和以人为本的可持续创新四大特征[98]。Andrea Caragliu 等探寻城市创新能力对智慧城市建设的重要作用[99]。Jae – Soo Jang、Hyung – Min Lim 研发集成身份验证系统（UCIAS），以有效保护公民隐私并防止恶意攻击[100]。

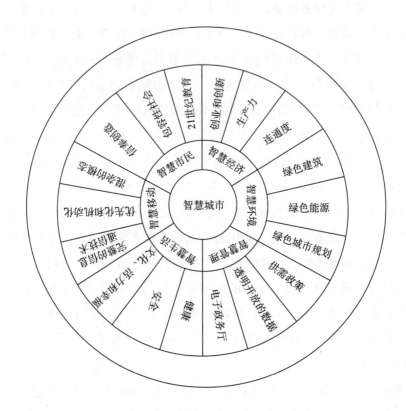

图 1 – 6   智慧城市轮

另外，不同国家针对智慧城市建设采取不同策略，其中美国迪比克市与 IBM 合作建立首个智慧城市，英国通过《数字英国》推广全民数字应用，打造世界数字之国，日本提出 "I – Japan 智慧日本战略 2015"，新加坡推出 "智慧国 2015" 计划，巴西计划建设布济乌斯市为拉美首座智慧城市，韩国发布 "Smart Seoul 2015" 计划，以网络为基础打造数字化、无缝连接和绿色的生态与智慧型城市[101,102]。

二、国内研究现状

（一）新型城镇化的水平测度

基于新型城镇化内涵和区域发展新因素，选择反映城镇综合特征的复合指标，构建新型城镇化评价指标体系，通过加权计算新型城镇化得分开展实证分析[103]。牛文元认为，新型城镇化的科学度量包括城乡发展的动力表征、质量表征和公平表征三个有机统一的本质元素，建立包括城乡基础实力、统筹能力、竞争能力、自然质量、人文质量、社会保障、一体化水平和制度建设在内的指标体系[104]；吴江从经济发展、产业发展、人口转移、科技创新、基础设施和制度环境方面构建重庆新型城镇化指标体系[105]。曾志伟从新型环境保护、经济发展和社会建设方面构建环长株潭城市群新型评价模型[106]。刘静玉从经济发展、社会发展和环境资源方面测度河南省辖市新型城镇化时空分异特征[107]。王兴平将"城镇化率 > 50%、人均 GDP > 6000 美元、第一产业比重 < 10% 和城乡收入比 < 3"作为新型城镇化门槛值[108]。牛晓春从人口城镇化、经济城镇化、居民生活质量和基础设施建设方面分析陕西等 10 个省辖市的新型城镇化水平[109]。陈映雪以张家口怀来县为例，构建"经济—社会—环境—科技创新"中小城市新型城镇化评价模型[110]。杜忠潮从人口城镇化、居民生活质量、经济城镇化、环境建设和基础设施方面构建新型城镇化评价体系[111]。王新越从人口、空间、经济、社会、生活方式、生态环境、创新与研发、城乡一体化方面测度山东省 17 个地级市新型城镇化水平[112]。

（二）新型城镇化的动力机制

新型城镇化是经济发展、产业升级、科技创新、人口转移、制度要素、政策环境、基础设施等相互耦合与作用的过程，是内生动力与外生动力共同作用的结果[113]。张占斌认为，我国新型城镇化健康程度与行政级别呈现显著正相关[114]；黄亚平等认为外源性、产业经济、硬件系统和资源环境条件是欠发达地区新型城镇化发展的动力机制[115]。牛文元认为，智慧城市建设是新型城镇化进程中人口、财富、智力和消费聚集的新要求，是新型城镇化发展的动力标志[101]。倪鹏飞认为，新型城镇化发展包括三大新动力：新型工业化与第三次工业革命组成的需求拉动力，生产工具农业现代化、生产组织产业化、生产技术科学化和较高的劳动者素质组成的供给推动力及信息化[116]。孙振华认为，收入和福利水平的提升是新型城镇化的核心机制、新型工业化是基础机制、生态环境保护是长效机制、公共需求是保障机制[117]。赵永平等测度了政府、市场、外部机制和内在机制对新型城镇化的推动作用，其中市场机制和外部机制发挥关键作用[118]。李长亮认为，新型城镇化发展除了受到本身经济发展水平、社会保障水平、产业结构非农化、固定资产投资及外商直接投资的显著促进作用，还受到邻近省区政策变动的影响[119]。

（三）新型城镇化的模式路径

新型城镇化作为重大的区域经济发展命题，必须提高决策人对于城镇化客观规律的认识，杜绝决策人的主观判断[120,121]，运用综合性的科学思维[122]，坚持以人为本和集聚创新是城镇化转型的关键[123]，采取高效城镇化、低碳城镇化、生态城镇化、环保城镇化、节约城镇化、创新城镇化、智慧城镇化和平安城镇化的战略路径，实施多元化模式发展[43]，处理好政府与市场、目标与手段、大中小城市和城市群、速度与质量、投入与产出、科学与法治、人口城镇化与土地城镇化、顶层设计与地方探索等若干重大关系，释放新型城镇化红利[124]，培育新型城镇化动力机制，全面贯彻人文理念、生态理念和经济理念[125]，既要重点解决"城市病"，还要注重根治"乡村病"①，实现从城市优先发展向城乡互补协调、从高能耗向低能耗、从数量增长型向质量提高型、从高环境冲击型向低环境冲击型、从放任式机动化向集约式机动化、从少数人先富向社会和谐六个方面的突破[126,127]，走出一条符合国情的城镇化道路。

我国新型城镇化发展尚没有固定的模式与路径可言，某种新型城镇化模式之所以较为成功，主要因为该模式恰巧契合当地的地理、经济、社会、资源等条件。考虑到资源禀赋的不同，新型城镇化发展应结合区域优势与特色，探寻差异化模式与路径[128,129]。方创琳将我国新型城镇化发展整体上划分为五大类

---

① 刘彦随在《新型城镇化应注重根治"乡村病"》一文中指出，"乡村病"主要源于农业生产要素的高速非农化、农村社会主体的过快老弱化、农村建设用地的日益空废化和农村水土环境的严重污损化。

型区（即城市群地区、粮食主产区、农林牧渔区、脱贫区和民族自治区）和
47个次级区域[130]，并且针对西藏自治区特殊的自然本底、发展性质、发展阶
段、动力和格局，建议采取以农牧民社区建设为主导、就地就近镇民化的渐进
模式，而非市民化，通过股份制合作改变农牧民为股民等[131]。陈雯认为，长
三角作为我国人口最密集、经济最发达、城镇化进程最快的地区，在城乡制度
塑造、区域关系重组、经济社会转型、全球化深入发展背景下，应以人的市民
化为核心，促进人地协调、城镇化与工业化互动及城乡一体[132]。张小雷指
出，中心城市与绿洲城镇族群的相互协调、基础设施和民生设施的建设、"三
化"融合、生态文明建设应是干旱区新型城镇化发展的主要路径[133]。张占仓
认为，河南省新型城镇化发展的重点在于强化郑汴都市区的核心增长作用，加
快中原城市群的集聚集群集约、规划五级新型城镇体系及提升城乡协调发展水
平[134,135]。李优树认为，藏区新型城镇化应采取集约型模式，以交通网络带为
依托，以高原特色中心城市为主导，以生态景观带为保障，发展旅游文化产
业[136]。陈科基于兵团特殊的行政体制、空间分布和时代背景，认为兵团新型
城镇化发展应增加人口数量，提高人口素质，推进城镇化与产业升级同步，探
索管理体制与市场经济融合，统筹集中化发展，建立兵地城镇化发展协调机
制[137]。杨传开指出，山东新型城镇化发展应以人为核心，促进社会融合，加
快体制机制改革，构建"一群双核多中心"的新型城镇体系，加强东西部
联系[138]。

（四）新型城镇化与人口城镇化

人口城镇化是新型城镇化发展的核心[139]，是农村人口向城镇地区集中、
城镇人口比重不断增加、农业向二三产业升级转换、居民生活水平提高及城市
文明向农村渗透和传播的过程[140]，这一过程受到自然、经济社会、制度、素
质等的综合影响，而各动力要素对不同发展阶段和不同类型区域人口城镇化的
作用方式与作用程度不同，只有正确认识经济因素和非经济因素对人口城镇化
的影响，才能科学辨别城镇人口变化的历史和发展趋势[141]。其中：赵新平认
为，人口城镇化的早期动力是工业化，中后期主要是服务业的发展和新兴产业
的创新[142]。赵金华等引入面板数据模型，分析经济发展水平、产业就业结

构、对外贸易规模和研究教育对不同省区人口城镇化的影响[143]。景普秋等认为，经济增长、二产结构变化和乡村非农就业是资源型城镇组群人口城镇化发展的动力机制[144]。王亚力等测度了社会经济发展、资源环境特征和区位交通条件对环洞庭湖区人口城镇化的影响[145]。邵大伟等测算经济水平、基础设施、信息化、对外经济、工业化、产业结构、科技进步等对山东省人口城镇化的影响程度[146]。庞瑞秋利用 GWR 探寻国有动力、非国有动力、农业动力和外向力对吉林省人口城镇化发展的空间异质性[147]。卢丽文等认为，经济发展、非农产业发展、区域创新和社会消费品零售额促进人口城镇化，城乡差距和 15 岁以上文盲人口比重制约人口城镇化[148]。

农民工市民化作为人口城镇化的重点，是解决农民工问题的根本出路[149]，不仅包括户籍转变，还包括在政治权利、社会保障、公共服务、劳动就业等方面获取与城镇居民相同的待遇，并在社会身份、意识行为、自身素质和生存职业等方面全方位融入城市[150]，包括农村退出、城市进入及城市融合三个阶段[151]，具有渐进性。根据《全国农民工监测调查报告》，2014 年我国农民工 2.74 亿人，比上年增加 501 万人，其中外出农民工 1.68 亿人，随着农村人力资源要素的非农化外流及城市生存成本与体制的约束，我国"城乡双漂"的两栖农民工数量将不断增加[139]。影响因素分析成为农民工市民化的关注重点，抽样调查、问卷和座谈等成为普遍采用的数据收集方法。史乃新指出，结构和制度是影响市民化的两大因素，其中结构因素发挥基础性的整体制约作用，决定农民工市民化的实际程度，制度因素在结构因素影响下直接制约农民工市民化[152]。朱琳以河南省郸城县为例，认为较为年轻且文化水平较高、生活水平中等且有亲朋好友进城落户的农户更愿进城落户，村庄医疗服务水平较高的落户意愿不强[153]。朱华晟等以苏州市胥口镇为例，分析城市边缘区外来农民工的非正规创业动力，包括个体强烈的创业愿望、有限的物质资本和积累的人力资本，迁入地旺盛的当地需求、规避本地企业的排挤、本地重构的迁移者网络，以及迁出地较高的制度资本、有限的市场机会和吸纳返乡的边缘人群等[154]。杨慧敏基于六普数据与公安部门登记数据，分析社会成本、财政分担机制、产业结构和落户条件对我国农民工市民化的影响[155]。刘锐等基于河南省 33 个村 1091 位农民工的调查数据，得出教育程度、年龄、婚姻状况、所在村庄经济水平、人均耕地面积、家庭劳动力数量等是农民工务工地选择的影响因子[156]。

（五）新型城镇化与城镇化质量

未来我国城镇化不能盲目追求数据统计上的城镇化率，而应积极引导城镇化健康发展，将实现城乡统筹发展作为主要任务，强调由数量规模增加向质量内涵提升转变[157]。叶裕民最早对城镇化质量开展研究，认为城镇化质量包含城市现代化（核心内容）和城乡一体化（终极目标），通过对 9 个 300 万以上人口超大城市的城镇化质量测评，得出虽然实现城市现代化但城乡一体化水平较低[158]。韩增林从经济、基础设施、居民生活、生态、创新质量、城乡协调、就业等方面测度我国 286 个地级以上城市的城镇化质量[159]。方创琳认为，城镇化质量是经济、社会和空间城市化质量的统一，引进阿特金森模型构建分要素和分阶段的城镇化质量测度模型[160]。郭叶波等认为，城镇化质量评价指标包括发展型、约束型和适中型三类，应该仔细斟酌普适性[161]。王富喜认为，城镇化质量涉及城镇和农村，从经济、社会、人口、生态环境、城镇化效率、城乡协调构建山东省城镇化质量评价体系，并将其划分为五大类型区[162]。夏南凯构建包括人口发展、经济发展、空间与设施环境和社会发展在内的浙江省城镇化质量指数型评价体系[163]。张引等从城镇化水平和城镇化效率两个维度构建新型城镇化质量的评价体系理论框架，其中，城镇化水平包括人口城镇化、土地城镇化和产业城镇化，城镇化效率包括经济增长方式、社会发展质量、区域发展关系、城镇体系格局、生态环境质量和资源利用效率[164]。此外，沈正平、张春梅和李江苏分别针对城镇化质量与产业结构优化、城镇化规模、城镇化水平的互动协调关系展开研究[165-167]。

（六）新型城镇化与基本公共服务

随着新型城镇化进程中城乡居民对基本公共服务诉求的不断增加，基本公共服务研究成为普遍关注的热点，包括基本教育、文化体育、医疗卫生、生活性基础设施和社会福利五大类，其中，基本教育、社会福利设施和医疗卫生是基本公共服务的"基本"[168]。

首先是基本公共服务水平测度。高军波分析广州市户籍人口公共服务设施供给的空间特征，即呈现核心—边缘结构，供给规模差异显著且与人口分布失调，与西方国家的城市公共资源配置相类似[169]。马慧强等通过构建文化教育、卫生、生态环境、社会保障、基础设施和信息化在内的评价体系，测度286个地级城市的基本公共服务空间质量特征[170]。马晓冬等分析江苏省13个省辖市城乡基础教育服务、医疗卫生服务、基础设施服务和生态环境服务的差异特征[171]。

其次是基本公共服务均等化研究，张京祥等认为，均等化即保证各地区基本公共服务水平不低于基准水平，是相对的，不是完全平均，是缩小城乡差距、实现社会公正公平与安定的重要步骤，是"以人为本"科学发展观和社会和谐的关键性举措，需要经历均匀、均衡和均质三个不同的发展阶段，各阶段的目标、重点和表现也是不同的，其实现路径呈现多元化特征，但均不能脱离"人"这一基点[172]。韩增林等以31个省级行政单元为例，构建包括教育、文化、医疗卫生、基础设施、社会保障和信息化在内的基本公共服务评价指标体系，运用信息熵原理建立基本公共服务均等化指数，借助ESDA探寻城乡基本公共服务均等化空间格局[173]。

最后是基本公共服务效率研究。在我国现有体制和财政投入约束下，效率提升才是短期内真正改善基本公共服务的关键逻辑节点[174]，目前基本公共服务效率研究尚处于探索阶段，更多运用数据包络分析模型，以全国和省域宏观层面[175,176]为空间尺度进行研究。

（七）老工业基地新型城镇化研究

张平宇认为，新型城镇化适应城市化基础好、质量不高的东北地区及东北老工业基地改造的特殊性，提出其新型城镇化战略应与新型工业化战略相适应，以现代化人居环境系统的建设为总体目标，以"三圈一带"哈大巨型城市带的构建为总体布局，走内涵式和质量型的发展道路[10]。袁家冬以吉林省为例，认为未来东北老工业基地新型城镇化重点是构建"一群三组团"的体系格局，强化长吉大都市和区域中心城市，积极发展中等城市，形成功能协调、分工明确、综合竞争力强的城市群体[177]。陈雯等提出，将城市老工业区的改造与资源型城市的转型作为老工业基地新型城镇化的核心任务，强调老工业城市再生、区域功能重新定位、综合竞争力的提升、区域性中心作用的发挥及城市群的健康发展等[178]。王雅莉认为，以提升产业功能为核心的新型城镇化与以提升城市功能为保障的新型工业化相互交融，是老工业基地调整改造与振兴的基本特征[179]。赫金鸣针对东北地区城市竞争力不强、城镇功能发挥不够、建制镇经济实力不强、城镇化水平虚高、资源型城镇众多等问题，认为新型城镇化发展应该尊重规律、绿色环保和文化引领[180]。王晓玲认为，新型城镇化能够推动老工业基地振兴战略深化，指出辽中南城市群新型城镇化以大中小市与小城镇协调发展为主导，以中小城市优先发展为突破，以城镇化质量提升为最终目标[181]等。

三、研究述评与趋势展望

（一）研究总结与评价

目前，新型城镇化逐渐引起学术界、政治界和普通民众的高度重视，成为社会经济发展的热点问题之一。学者们基于国内外已有的新型城镇化理论基础和实践基础，通过深入的实地调研与分析，初步形成相对完善的理论体系与丰硕的实践成果[182]，研究领域逐渐拓宽，研究队伍不断壮大，在指导经济社会全面协调可持续发展过程中发挥着重要作用。虽然国内对于新型城镇化研究起步较晚，但近年来，随着一系列国家和区域战略政策、方针、文件的不断出台及经济社会发展问题的日渐凸显等，新型城镇化相关研究发展很快，向纵深方向延伸，提出了不少具有针对性、科学性和可操作性的真知灼见，为深入研究新型城镇化问题奠定基础，同时也具有重要的启发意义。

通过整理总结国内外文献资料发现，已有新型城镇化研究主要包括以下内容：第一，基础理论方面，劳动地域分工、经济地域运动、区域经济演化、创新理论、中心地理论、城乡一体化等理论共同构成新型城镇化研究的理论策源地；第二，研究内容方面，涉及面广，侧重新型城镇化的概念内涵、水平测度、动力机制、模式路径及新型城镇化与人口城镇化、新型城镇化与城镇化质量、新型城镇化与基本公共服务、集约城镇化、生态城镇化和智慧城镇化等领域；第三，研究方法和技术手段方面，针对区域新型城镇化现状与问题，综合运用定量模型，建立新型城镇化复合评价指标体系，借助主成分分析、均方差决策、AHP和熵值法等计算新型城镇化得分，利用ArcGIS进行空间可视化，探寻新型城镇化地域分异格局及与各驱动因子的关联程度等。

虽然针对新型城镇化研究取得大量成果，但是由于新型城镇化的本质内涵较为深厚，实践过程需要循序渐进，是一个新颖且复杂的问题，因此从理论发展和与时俱进的角度看，目前仍处于探索阶段，对该领域研究尚存在不足之处：

第一，概念内涵界定模糊。新型城镇化是一个涉及经济、社会、地理、生态、环境、文化、历史、旅游等多个学科领域内涵丰富的多维过程，受多方面因素的综合制约，至今尚无统一的界定标准。学者们多从自身领域、研究视角或实践经验出发，给出新型城镇化的定义，分析其内涵特征。但是，多数概念与内涵比较片面，对实践的综合指导和问题的全面解决作用不显著。

第二，理论支撑相对滞后。国外经典理论对传统城镇化的快速发展发挥了重要的指导意义，推动城市规模的扩大、城市人口的增加、城市建设的推进和城镇化水平的提升，但面对全球化、信息化和市场化背景下新型城镇化的发展，部分基本理论的自身缺陷日渐明显，指导作用不强，脱离时代背景要求，新理论的更新与实践活动脱节。国内提出的主体功能区划理论和统筹协调思想等，虽然经过不少学者长期深入和比较系统的研究分析，但仍有许多具体问题尚未得到根本解决，理论的实践效果不强。

第三，研究区域总体分散。虽然新型城镇化研究涉及区域范围比较宽泛，空间体系相对齐全，包括全国层面，省域层面如河南省、黑龙江省、山东省、河北省、新疆维吾尔自治区、上海市、重庆市、浙江省等，经济区层面如藏区、中原经济区、长株潭城市群、关中经济区、北部湾经济区等，但总体上缺乏系统完整和全面深入的研究框架，就区域讨论区域，就问题阐述问题，大尺度理论模式的现实有效性往往不佳，小尺度经验模式又往往囿于独特性而较难推广。而且，关于新常态背景下老工业基地新型城镇化的研究明显不足，与该区域正处于全面振兴这一契机不相吻合，已有成果没有抓住问题本质，更多关注城镇体系，实践价值不强。

第四，测度指标较为混杂。缺乏统一和公认的新型城镇化水平测度标准，官方常用人口比重法，但城乡界定的模糊性与不合理性导致城镇化率虚高，半城市化普遍存在。多数学者基于自身提出的且相对片面的新型城镇化内涵，建立多元评价体系，数据的可获取性成为最重要的选择标准，主观性突出，忽视区情，影响最终结果的输出和分析，与现实存在不符的可能，而且尚未建立关于老工业基地新型城镇化的评价指标体系。

第五，研究时段持续性差。利用中国期刊全文数据库（CNKI），以"新型城镇化"为主题，选择"精确"搜索，发现由于2014年是国家和各省区新型城镇化发展规划出台的一年，关于新型城镇化研究的成果数量达到顶峰，但之后关于新型城镇化研究的成果数量大幅减少（见图1-7），各地方部门对于新型城镇化的关注度同样降低，一定程度上使得新型城镇化研究成为一种"短期现象"，不利于新型城镇化发展问题的系统分析和发展规律的深入探寻。

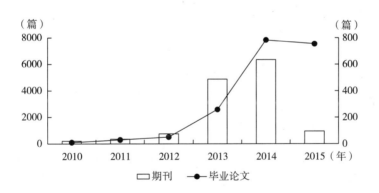

图1-7　新型城镇化研究成果

（二）研究趋势与展望

西方发达国家在历经几十到上百年的发展后，基本走出了一条相对成功的城镇化道路，进入后工业化社会和城市化的后期发展阶段。但是，国外城镇化发展同样面临不可避免的各种问题，未来大量的研究文献也将更多侧重于人口衰退、经济增速放缓、逆城市化、环境污染、新能源的开发与利用、对外关系的处理、瘟疫流行、种族矛盾与阶级矛盾激化、金融危机、房地产泡沫危机、贫富差距扩大等，将更加重视城市发展政策的重要性、社会群体利益的协调度和社会问题的解决方案等。

目前，我国已经进入经济社会全面快速发展的转型期，同时也是新型城镇化发展的黄金期和关键期，在新特征、新因素尤其是全球化和信息化的影响下，提升内生动力、改造老工业区、培育城市群体、重组城镇体系、完善城市功能、改善生态环境、加快城乡统筹、强化主导产业、贯彻落实集约化理念、打造开放型经济等将成为新型城镇化发展的深刻内涵与必要选择，这对于"城市病"问题的缓解、能源资源枯竭锐减情况的改善、粗放经式营方式的转变、城乡二元结构的减弱等具有重要的现实意义。因此，实践在迫切呼唤新的理论探索，未来新型城镇化研究也将围绕上述问题展开更为全面、深入和系统的探索。

第二章　新型城镇化发展的
实践借鉴与启示

第一节　国外城镇化发展的实践借鉴

由于资源基础、国情条件、区位因素、文化差异和历史背景等的差异，国外城镇化模式多种多样，主要包括政府调控下市场主导型城镇化（以西欧为代表）、自由放任式城镇化（以美国为代表）及受殖民地经济制约的发展中国家城镇化（以非洲和拉美部分国家为代表）[183]。随着网络信息技术的广泛推广，各国城镇化升级周期愈发减短，国外城镇化发展的实践经验与教训及城镇化进程中的规律总结对于我国新型城镇化的科学认识与合理选择具有非常重要的借鉴意义和参考价值。

一、主要发达国家城镇化发展的实践经验

世界城镇化始于 18 世纪 60 年代的工业革命，是与大工业生产并生的社会经济现象，即城镇化初期对应工业化初期，城镇化成长期对应工业化中期，城镇化成熟期对应工业化后期，城镇化高级阶段对应后工业化时期。西方发达国家在工业化驱动下先后开始城镇化，依靠成熟的民间力量和市场机制，重视政

府的规划和调控功能，通过要素资源的自由流动，走出一条工业化与城镇化相互促进，大中小城市基本协调，城乡差别和工农差别先扩大后逐步缩小直至基本消除，城市环境由乱到治，城市人口分布先集中后分散动态均衡的城镇化道路，经济发展水平与城镇化进程基本同步协调，完成从以农业和乡村为主的传统社会向以工业和城市为主的现代社会的转变，总体属于较为成功的城镇化道路[183,184]。目前，西方发达国家已经完成快速城镇化，进入更为成熟和稳定的高级城镇化阶段，根据世界银行与《世界城市化展望》的统计可知，2014 年阿根廷（92%）、以色列（92%）、日本（93%）、乌拉圭（95%）、比利时（98%）、卡塔尔（99%）、新加坡（100%）等近 20 多个国家的城镇化水平超过 90%[185,186]。

（一）英国城镇化发展的实践经验

英国作为工业革命的发源地，是第一个实现工业化和城镇化，并且城镇化进行得最好的西方发达国家，其城镇化发展在世界城镇化进程中发挥原创示范作用。随着工业革命的深入推进，农村人口向城市大量集中，英国城镇化发展拉开帷幕，颁布《城市规划法》、建立田园城市、建设卫星城、推行城市郊区化，许多自然资源丰富和交通运输便捷的新兴工业城镇不断兴起壮大，城市功能逐渐完善，城市形态愈发明显，成为超越传统城市的区域经济中心，城市网络体系初步显现，在一些城市密集地区存在紧密的商贸联系和专业化分工（包括工业城市、休闲型城市、交通枢纽型城市与综合型城市等），而非工业集中区发展滞后。随着工业的规模化和集中化，农业农村和工业城市的经济结构初步确立，城市人口显著增加，城镇化进程快速推进，形成当时比较罕见的六大城市群（大伦敦市、兰开夏东南部城市群、西米德兰城市群、西约克城市群、莫西地带城市群和泰因地带城市群）。20 世纪，英国实现高度城镇化，城镇化水平达 80%，开始注重城市人口的布局调整优化、城市文明的普及和城市管理体系的完善等。20 世纪下半叶，英国城镇化发展呈现分散化特征，中小城市人口比重上升，大城市人口比重下降，城乡差别逐渐消失，这与基础设施、教育、社会保障体系等的全覆盖密切关联。

工业革命推动下，自由放任式的城镇化政策也给英国社会经济发展带来严重问题。由于政府干预极少，尚无明确统一的规划管理，因此区域发展的非均衡性特征明显；高度城镇化带来诸多"城市病"，如空气污染、水污染、环境卫生、城市住房、城市犯罪、城市贫民窟等，后期迫于各界的压力，针对不同城市存在的不同问题进行全面改造，付出昂贵的代价，成为"先污染、后治理"的典型国家；对农业发展重视不够，占用大量农业用地，农产品需要进口，制约城镇化进程；城市内部建筑老旧、经济衰退、社会混乱等。面对上述这些问题，英国政府通过 20 世纪 50 年代中期 ~ 60 年代城市重建、60 年代中期 ~ 70 年代初期城市更新、70 年代初期 ~ 90 年代末城市再生、1997 年至今城市复兴等城市政策，使城市格局基本稳定[187]。

（二）德国城镇化发展的实践经验

德国工业革命始于 19 世纪 30 ~ 40 年代，晚于英法等国，但通过吸收先进技术，仅用半个世纪即完成工业化。在工业化驱动下，进入中小城镇为主体的高度城镇化阶段，构建空间均衡的高密度城镇化形态，建立经济实力突出、城镇功能明确、互补共生的高效率区域发展城市圈（包括莱茵—鲁尔、柏林—勃兰登堡、莱茵—美茵、斯图加特、慕尼黑、德国中部、汉堡、汉诺威—布伦瑞克—哥廷根—沃尔斯堡、纽伦堡、不莱梅—奥登堡、莱茵—内卡 11 个城市圈）。城市圈内部城乡差距和地区差距小，中心城市辐射带动作用强，实现城乡等值的高水平一体化目标。市政管理采用市政经理负责制，由市民聘任市政经理等，城镇基础设施和公共服务设施十分完善，高度融合的城市公共交通（如电气化高速列车）使得通勤成本低廉，很少受到"城市病"的困扰。随着高度城镇化的实现和城镇化率的提高，目前德国城镇化出现城市地区人口增长、周边农村地区人口衰退的再城市化发展态势[186]。

（三）美国城镇化发展的实践经验

美国作为新兴资本主义国家，多元化的城镇化发展道路与特定的历史、政治和经济因素密切相关，产业结构的适时转变、空间结构布局的调整、发达的综合交通运输及先进的科学技术等对其影响显著，城镇化表现出来的新特征反映了世界城镇化发展的新趋势，目前正处于城镇化的发展完善阶段。

第一，以内生作用为主呈现自由放任式发展，市场经济是其主要动力，较少受到战争、行政干预、自然灾害等外生偶然和不确定因素的干扰，普通居民、房地产经纪人、制造商、建筑工人、联邦政府、地方政府等均是城市发展的参与者。

第二，交通运输体系完善，生产要素尤其是人口在全国范围内自由流动，人口分布相对均衡，东西部经济联系日渐频繁。

第三，产业结构随着城镇化发展阶段的演进不断调整，专业技术人员和高素质劳动者为城镇化发展提供保障，棉纺织业、钢铁产业、汽车产业、飞机制造、高技术产业、信息产业相继成为主导产业。

第四，大都市区（如波士华、五大湖、太平洋沿岸）在城镇化发展过程中发挥带动作用，许多小城镇依托中心城市迅速集聚，形成具有世界影响力的大都市连绵带。

第五，政府部门积极有效刺激政策的实施对于中心城市职能的转变和复兴、逆城镇化和城市蔓延的抑制等效果显著，针对过度郊区化带来的土地资源浪费、经济成本高昂、生态环境恶化、贫富差距悬殊、城镇无序低密度蔓延等问题，率先提出精明增长理念[188]。

（四）日本城镇化发展的实践经验

1868 年的明治维新标志着日本城镇化的开始，重点推行一系列促进农业发展的相关政策，改革领主土地所有制关系，改良农业技术，重视农业教育，征收高额农业税，大力进行工业基础设施建设，加快轻工业发展，加速由农业国向工业国转变。"一战"后，日本具备较为完善的工业基础，农村人口快速向城市尤其是重工业城市转移，形成著名的四大工业带——阪神工业带、北九州工业带、东京工业带和京滨工业带，1955 年，城镇化水平达到 56.1%。朝鲜战争的爆发刺激日本工业发展，城市人口大量增加，通过围海造田、山区开发等增加用地规模，缓解用地矛盾，颁布《农业基本法》以提高劳动者收入，形成东京、名古屋和大阪三大都市圈，1975 年城镇化水平为 75.9%。20 世纪 70 年代后，受到两次石油危机的冲击，日本城镇化发展进入平稳阶段，第一二产业比重下降，第三产比重上升，城市人口渐趋饱和，但同时面临着"城市病"问题愈发突出、大都市区人口外迁现象频发、人口老龄化较为普遍等问题。

总结来看，日本城镇化发展与市场化和工业化相互推动，城乡互动比较活跃，尤为重视农村建设和农业现代化水平的提升，是亚洲率先完成农业现代化和农村城镇化的国家，强化交通基础设施建设，大力发展公共交通，全力引进外资和先进技术，强调全民基础教育和社会保障。另外，政府部门的宏观调控对于日本城镇化的快速发展同样起着非常重要的作用，包括全面周密的国土整治工作、进口高新技术实行减免税制度、较为细致的环境治理工作、相关法律的顺利实施等[189]。

通过梳理总结，西方主要发达国家的城镇化发展主要包括以下五个方面的实践经验：

第一，更多地依靠市场机制和民间力量，实现市场化运作，推进要素资源的自由流动，积极发挥政府的调控功能和规划作用，市场机制与政府调控协调并举。

第二，通过对原有主导产业进行升级或寻找新的主导产业并发挥带动作用，加大对衰退产业区的政策援助，建立包括技术、金融和生活等多元化共享平台，加快高新技术产业的发展，建立现代产业集群，实现城镇化与工业化良性互动，即工业化推进城镇化，城镇化促进工业化。

第三，注重新旧城市建筑的融合与对比，避免大拆大建，挖掘原有的城市肌理和建筑形态，推动传统空间和现代功能的融合，强调现代城市元素与历史文化的结合，加快工业用地的再开发。

第四，重视综合交通体系的建设，强化中心城市的带动作用，根据自身的自然地理条件、历史条件、经济发展水平等因素打造适于自身特点的城市格局，建设培育大都市区和城市群体系，实现大中小城市与小城镇的协调发展。

第五，通过加大对农村基础设施、基本公共服务设施、物质技术装备和经营管理理念的投入，提高农业生产效率，实现城乡一体化，逐渐消除城乡二元经济结构等，这些对于我国新型城镇化的发展具有十分重要的参考借鉴意义。

二、主要发展中国家城镇化发展的实践教训

发达国家城镇化与工业化相互促进，协调发展，呈现同步城镇化发展特征，而发展中国家的城镇化过程有着不同的历史条件和现实条件，很大程度上是"被决定"的，在经济上或多或少地依赖于西方国家。也就是说，西方国家主导的世界经济体系和殖民主义的历史遗产决定着发展中国家城镇化的基本特征、存在问题和基本趋向。

随着"二战"以后殖民体系的彻底瓦解，发展中国家城镇化进程快速推进，城镇化速度远超发达国家，但由于经济、政治和文化等基础的薄弱，工业化支撑能力不足，其城镇化水平依然比较落后，大约滞后发达国家 75 年[190]，粗放发展特征突出，农村人口向城市地区的盲目大规模流动，城市首位度高也就相应地成为绝大多数发展中国家城镇化面临的最大问题和主要特征，城镇化发展呈现被动性和盲目性，这区别于发达国家自发的、渐进的城镇化过程。另外，发展中国家城镇化与工业化严重失调，城乡收入差距大且非均衡特征明显，市场体系不健全，政策导向失当，过于重视大城市建设、城市基础设施短缺等问题。

归纳来看，发展中国家城镇化发展主要包括滞后城镇化和过度城镇化两种类型[191]，其中，前者城镇化水平低于经济发展水平，引发小城镇无序发展、生态环境恶化、工业乡土化等"农村病"现象，为少数发展中国家所有，后者城镇化水平高于经济发展水平，"城市病"问题严重，为多数发展中国家所有。

（一）滞后城镇化发展——印度

印度是滞后城镇化（Under - urbanization）发展的典型国家，在以重工业优先发展的"赶超战略"影响下，城镇化水平仅为 20% 左右，与工业化水平难以匹配。印度城镇化发展特征主要表现在如下方面：

第一，城镇化发展水平与速度极不均衡。印度城镇体系大致划分为五级：人口超过 10 万人为一级城市、5 万~10 万人为二级城市、2 万~5 万人为三级城市、不足 2 万人的为四五级城市，孟买、加尔各答等大城市与特大城市发展十分迅速，人口规模成倍增加，多数中小城镇较为滞后且发展缓慢，这与其以大城市发展为主的战略政策密切相关。

第二，城镇化率提升的主要因素是城市人口的自然增长，城市人口的机械增长主要是源于农村贫困的推力，而不是城市繁荣的拉力，这样就使得城市中有大量贫民窟或棚屋出现（2011年印度贫困人口占总人口比重的21.9%），广泛分布在城市边缘、排污管道旁边、铁路线沿线和建筑工地等区域，城市住房尤为紧张。在贫民窟和棚屋中，基本教育、医疗卫生、社会保障等基本公共服务的供给明显不足，饮水奇缺、电力不足，治安环境相对混乱，城乡差距愈发增大，社会矛盾不断加重。

第三，城镇化发展的无计划模式使得"城市病"问题愈发突出且呈现逐年递增态势，其中人口密度的增加和交通设施的不完善等使得交通拥挤现象十分严重，城市道路的负荷能力严重超标，交通事故频发，工业废水和生活垃圾的随意排放使得原本稀缺的水资源变得更为珍贵，工厂废气和汽车尾气的肆意污染使得多数城市的空气质量达到危险级别等，城镇化质量并不理想，城市运行效率低下。

第四，劳动密集型的制造业发展相对落后，无法解决印度人口和劳动力众多的现状，失业问题尤为突出。虽然信息产业和金融业在世界上比较先进，但是对于就业的吸纳程度还是非常有限的，成为中低等收入大国，而大量农业剩余劳动力涌入城市一定程度上又加剧城市失业问题的严重性。

（二）过度城镇化发展——巴西

巴西是过度城镇化（Over – urbanization，又称超前城镇化）发展的典型国家，其城镇化发展经历着不同阶段，其中在1950～1980年的30年里，城市人口年均增长率5.64%，城镇化水平由36.2%提高至67.6%，城镇化进程异常迅猛，实现由农业社会向城镇化转型，而同样的城镇化增幅，发达国家却需要50年。巴西在短时间内实现高度城镇化，形成极具特色的巴西城镇化模式。目前巴西城镇人口比重远远高于其他发展中国家，已达到美日等发达国家的城镇化水平，如图2－1所示。

过度城镇化在创造"巴西奇迹"的同时，也使得经济社会及环境建设方面面临严峻挑战，致使城镇化水平脱离经济发展实际，主要包括以下几个方面：

第一，巴西城市尤其是圣保罗、里约热内卢等大城市人口快速膨胀（其中圣保罗 2012 年人口占全国总人口比重的 12%），城市就业机会无法满足递增人口的需要，加上进城农民缺乏技术知识，难以在现代工业部门找到工作，因此失业问题严重，收入差距悬殊，两极分化明显。

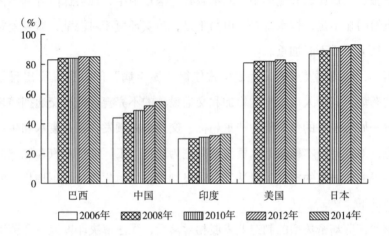

图 2 - 1　2006 年以来巴西城镇化与其他国家城镇化水平比较

　　资料来源：张亚匀，张嘉俊．巴西城市化面临的问题及其对我国的启示 [J]．成都行政学院学报，2015（1）：79 - 84．经重绘．

　　第二，贫民窟普遍存在，城市贫民大量增加，遍及大城市和中等城市，其中圣保罗是分布最多的州，有 1548 个贫民窟，里约热内卢城区约有 27% 的人口居住在贫民窟，这与土地高度集中、战略政策忽视低收入人群、税收等公共政策不够完善等密切相关。

　　第三，城镇化发展的区域经济差异特征十分显著，其中东南沿海地区经济较为发达，北部和中西部尤为落后，如表 2 - 1 所示。

表 2 - 1　1949 ~ 1995 年巴西各地区 GDP 比重　　　　单位:%

地区	1949 年	1959 年	1970 年	1975 年	1980 年	1985 年	1990 年	1995 年
东南部	67.5	65	65.2	64.5	62.2	59.4	58.4	57.2
南部	15.2	16.2	17	18.1	17.3	17.1	16	17.4

续表

地区	1949 年	1959 年	1970 年	1975 年	1980 年	1985 年	1990 年	1995 年
东北部	13.9	14.4	11.9	11.3	12.2	13.8	14	13.7
北部	1.7	2	2.2	2.2	3.3	4.2	5	4.9
中西部	1.7	2.4	3.6	4	5	5.4	6.6	6.9
合计	100	100	100	100	100	100	100	100

资料来源：李瑞林，王春艳. 巴西城市化的问题及其对中国的启示——兼与中国城市化相比较 [J]. 延边大学学报（社会科学版），2006，39（2）：58－62.

第四，在"以工养农"和"重工轻农"战略政策影响下，工农业发展极不对称，农业现代化水平不高，农村经济停滞不前，农业产值持续下降，城乡差距愈发突出。

三、典型老工业基地城镇化发展的实践借鉴

老工业基地是由传统工业企业组成的工业集聚区，亦称早期工业基地或过时的、落伍的、不合时代的工业基地，与老工业区、工业衰退区等概念相类似，首先在欧美国家崛起，依托当地丰富的资源禀赋优势、便捷的交通运输和两次产业革命的契机，成为辐射周边的重化工业基地，集聚巨大的工业力量和社会财富，改变传统的生活方式与生产方式，改变自给自足的自然经济状态，使新机器设备的利用、大规模的分工协作和集中生产成为可能，对本国经济发展和现代化建设作出重大贡献[192]。世界著名的老工业基地集中于以伦敦为核心的英国中部地区、德国鲁尔区、美国东北部和中西部"锈带"地区、法国洛林地区、日本北九州地区、俄国乌拉尔地区及中国东北地区。

20 世纪 50 年代以来，世界能源结构发生变化，以英、德、美、日为首的西方发达国家进入后工业社会，去工业化和快速服务化成为普遍存在的现象，重工业产品的市场需求量下降，低附加值产业纷纷移至生产成本低廉的国家或地区。西方发达国家的老工业基地先后进入增长乏力、市场饱和、投资下降、环境恶化的发展衰退阶段，带来大量失业、收入水平降低、种族社会矛盾加剧、犯罪率上升与社会动荡等一系列问题，在新的全球地域分工体系中处于不利地位，成为典型的经济衰退区域。随之，借助第三次产业革命契机，依靠成

熟的市场机制，采用先进科学技术、重点援助政策和资金投入等，西方老工业基地经历了整治—复兴—发展的变化过程，资源整合与再开发、新产业发展与产业转型、城市更新与区域开发、企业重组与制度转型成为其摆脱困境、实现区域复兴的主要途径。其中，产业转型和城市改造是关键环节，通过多维城镇化拉动产业转型，促进区域产业结构的有序转变是西方典型老工业基地复兴的有益借鉴。

（一）郊区化与都市产业转移

备受世界经济界赞扬的"锈带复兴"于20世纪80年代中后期开始产业转型，并于90年代中期基本完成，经过十几年的改造，该地区与美国其他地区在整体经济发展、居民生活水平和生态环境保护等方面差别不大，甚至许多方面超过其他地区。

在美国"锈带"时期，针对东北部老工业区的传统产业增长迟滞、大城市拥挤问题突出、区域发展衰退的状况，联邦政府强调以都市区建设为主的城镇化对区域复兴的作用，都市区发展以产业空间转移和郊区化为主要方式，积极引导城区制造业、居住、商业、仓储物流向郊区的大规模转移，这种转移较大程度上缓解了"城市病"问题，改变了郊区仅作为"卧城"的社区角色，郊区成为综合性的城市发展空间。在郊区化过程中，美国大城市逐渐将外围地区纳入城镇化发展轨道，都市区的产业与功能空间得到快速发展。截至1963年，美国五大湖区75%的制造业从市区转移到外围的市镇，这不仅改变了城市中心区拥挤与环境恶化状况，而且为新产业发展、产业结构优化升级提供了用地与空间保障。改革开放以来我国特大城市实施的"退二进三"的产业功能空间发展战略是对美国都市区城镇化模式的有益借鉴。

（二）旧城改造与产业转型

德国政府自20世纪60年代开始有步骤地进行产业结构调整，启动规模庞大的更新计划，30年来，鲁尔区煤和钢铁厂数量大幅锐减，新兴产业蓬勃发展，逐渐走上健康发展道路，从"煤钢中心"向传统产业与新经济产业相结合、多种行业统筹协调的现代经济体系转型，成为高新技术产业区、现代物流业生产基地和休闲旅游基地，成为世界老工业基地改造复兴的典范。

在德国鲁尔区改造过程中，鲁尔地区联盟（KVR）根据1971年出台的《德国特别城市更新法》，制订了城市更新改造计划，计划的主要目标是改善老城区的居住环境条件，改造城市基础设施：对大量的工业棕地（被污染的工业用地）进行治理，将其转变为居住用地和商业用地；尽可能完好地保留一些反映该地区历史发展轨迹的建筑或遗迹，实现对后代人的可持续发展，对关闭矿山和工业企业进行旅游开发，将具有重要再利用价值的工业厂房、码头、仓库、水塔等建筑物改造成博物馆、娱乐休闲中心和展览演出场所（见表2-2），如瓦斯罐、埃姆舍尔公园、杜伊斯堡景观公园等；通过旧城改造与城市更新，实现区内工业企业的外迁；增加欠缺的公共停车位，调整各个建筑地块关系，调整道路交通系统，城市景观设计，改善商业服务设施等。经过调整改造，老城区生态环境质量明显改善，人口密度大幅减少，产业结构通过合理化与高级化获得新生，其中旅游业、会展业、动漫产业和金融业等现代服务业成为区域发展的产业主体。我国沈阳铁西工业区的改造一定程度上借鉴德国鲁尔区恢复与重建的经验。

表2-2 德国鲁尔区工业遗产的保护和再利用

内容	层级	模式
鲁尔区工业遗产保护和再利用	单体建筑与设施的保护和再利用	博物馆模式
		展览馆模式
		多功能综合活动中心模式
		体育休闲活动模式
		餐饮模式
		办公模式
		旅馆模式
	厂区群体建筑与设施的保护和再利用	综合利用模式
		后工业景观公园模式

资料来源：刘抚英，邹涛，栗德祥. 德国鲁尔区工业遗产保护与再利用对策考察研究[J]. 世界建筑，2007（7）：120-123.

（三）新城建设与产业空间拓展

美国丹佛、底特律的"空港城"，已成为老工业区城市发展的新模式。

"空港城"本身成为一个高效运行的区域性商业区，商业的集聚带动了房地产、娱乐休闲等产业的发展，空港城的建设极大地拉动了老城市的经济增长。英国的"新城运动"源于田园城市理论，三个阶段大规模的新城建设对于有机疏散、卫星城镇、广亩城市等具有十分重要的启蒙意义。另外，英国新城的建设不仅为老城区向外转业的产业提供发展空间，而且以其优越的环境条件和公共设施吸引了新兴产业在新城的集聚，英国的软件业、创意业、咨询与策划业、航空业等新兴产业主要集中于大城市周边的新城。

（四）区域城市整合与产业关联发展

美国大西洋沿岸大都市连绵带呈现狭长带状，由波士顿、纽约、华盛顿和费城四大都市统计区相互连接组成，是区域城市整合的主要类型。这一连绵带依托于美国 39 号州际高速公路，连接了 32 个城市区域。大都市连绵带的时间距离优势、快速综合交通网络促进了人口、资本、产业的集聚，城市空间关系的紧凑化引导城市间产业功能的整体市场配置，加速大城市产业沿交通轴带向中小城市扩展，纽约、波士顿、费城为核心的大都市区的功能与空间结构得到完善。进入 20 世纪 80 年代，美国大西洋沿岸大都市连绵带实现了从以纺织、钢铁、机械、化工为主的传统经济带，转向以高技术工业、金融、投资、现代运输与物流为主的现代产业集聚带的转型，产业发展正经历着区域城市发展的整合化和产业结构演变的"去工业化"过程。

（五）金融危机背景下的再工业化

20 世纪 70 年代，西方发达国家针对重工业基地衰退问题首次提出再工业化，主要解决本国工业地位不断下滑、工业品在国际市场竞争力下降、大量工业投资移师海外而国内投资不足等问题，但当时许多发达国家正处于去工业化的浪潮中，再工业化并没有得到应有的重视。2007 年，美国次贷危机全面爆发，引发全球金融危机，发达国家经济发展严重萧条，过度膨胀的虚拟经济遭受重创，各国开始反思去工业化的弊端，认为去工业化使其失去"制造"能力，是金融危机的根源，对于经济增长具有消极作用。基于此，美、德、日等重提再工业化，旨在强化实体经济，重新审视制造业的地位和作用，实际是对传统工业的转型升级，调整工业部门结构，加快高新技术改造，发展壮大新兴产业，抢占高端制造市场，寻求新的经济增长点，缓解失业压力，挤出虚拟经济泡沫，重塑竞争优势[193]。发达国家再工业化主要包括，重新认识制造业的价值并确立实体经济的地位、直接扶持战略新兴产业、加大研发和教育投入、积极解决资源环境问题等内容[194]，包括高端制造业创新驱动、智能网络化驱动和高价值制造驱动三种模式。

我国老工业基地的再工业化与西方发达国家的再工业化在发展阶段上有着很大区别，西方发达国家美、英、日、德于1950年、1955年、1975年和1980年相继实现工业化，进入后工业化。而我国正处于工业化中后期，再工业化是针对已经开始工业化或者工业化水平较高但面临衰退问题的地区，以已有工业化成果为基础，以重化工尤其是装备制造的重振为核心，以产业竞争力的提升为目标，以制度和技术创新为手段，实现经济社会全面振兴的过程，仍然属于工业化，简而言之，我国老工业基地的再工业化就是建立现代产业体系或全面振兴[195]。

目前来看，我国老工业基地仍处于夯实基础的初期阶段，经济发展出现小幅波动或者下行是正常的，在人口、面积、产业和城市等方面与西方老工业基地不具有可比性，因此不能完全照搬西方老工业基地城镇化发展的实践经验。

第二节　国内新型城镇化发展的实践借鉴

近年来，国内各地区在新型城镇化模式的探索、新型城镇化规划的制定、积分落户制度的出台、智慧城市的广泛建设及新城新区的广泛设立等方面开展一系列有关新型城镇化发展方面的实践活动。

一、新型城镇化模式的探索

我国新型城镇化发展先后出现多种改革尝试，大致形成了成都模式、苏南模式、天津模式和广东模式等多种探索，为各地区新型城镇化发展提供参考借鉴。

第一，成都模式，即大城市带动大郊区、城乡一体化的改革实践。以"全域成都"为理念，以城乡空间合理布局、社会统筹发展、功能优势互补、要素自由流通为目标，设立统筹委负责一体化综合协调，建立城乡一体化管理体制，形成相对完善的一体化政策体系，安排城乡统筹专项建设资金，促进城乡社会事业较为均衡，以产业发展为支撑，实现农业产业化，建立工业集中发展区等[196]。

第二，苏南模式，即乡镇政府组织资源、自下而上的城镇化。苏锡常农村地区的乡镇政府出面组织土地、劳动力、资本等生产资料，自筹资金发展乡镇企业为主体的非农生产活动，实现农村人口的职业转化，解决农村剩余劳动力的就业问题，加快农业现代化进程，进而实现农村地域的城镇化，带动区域整体发展。

第三，天津模式，即以宅基地换房集中居住。乡镇政府首先解决搬迁农民的住房安置问题，然后利用土地集约增值收益重点发展地区产业，缓解农村居民的就业问题，使农民的集中居住和城镇化、产业化有机结合。具体包括整体推进型、开发开拓型、都市扩散型和"三集中"型四种类型。

第四，广东模式。包括两条主线：一是珠三角模式，以民营企业和乡镇企业集中的中心镇为依托，通过产业集聚引导带动人口集聚，实现周边地区快速发展；一是山区模式，围绕县城发展专业镇。

第五，温州模式。在当地政府部门的扶持下，依靠本地区的可利用资源，以个体私营企业为主体，大力发展地域经济，迅速成为区域经济发展的重要推动力，经济活力较强。

二、新型城镇化规划的制定

2006年9月，浙江省出台《进一步加强城市工作，走新型城镇化道路的意见》，标志着新型城镇化作为省级行动的开始[134]，之后山东省、黑龙江省、江苏省、河南省、福建省等多个省区陆续出台新型城镇化规划（见表2-3），这成为各省区新型城镇化科学发展的宏观性、纲领性、战略性和基础性文件。

表 2-3　部分省区新型城镇化规划概述

主要省区新型城镇化规划	新型城镇化规划的主要内容
《山东省新型城镇化规划（2014～2020年)》	稳步推进人口市民化，优化城镇化布局，提升城市综合承载力，推动城乡一体化，促进县域本地城镇化，推进城镇生态文明建设，加强城市文化建设及改革完善城镇化体制机制
《黑龙江省新型城镇化规划（2014～2020年)》	科学判定农业人口转移方向，合理布局城镇体系，加快产业集聚发展；以需求为导向，以公开招标为主要途径，加强公共服务设施和市政基础设施建设，增强城镇综合承载力；加快户籍制度改革，完善政策措施，形成有利于发展的制度环境
《江苏省新型城镇化与城乡一体化规划（2014～2020年)》	结合江苏实际，将农业转移人口市民化的有序推进作为新型城镇化与城乡一体化发展的首要任务，将城乡空间布局形态的优化作为其重要方向，将城乡可持续发展的实现作为其基本要求，将城乡社会发展水平的提升作为其重点内容，将体制机制的改革深化作为其强大动力
《河南省新型城镇化规划（2014～2020年)》	坚持六项原则，处理四对关系，突出六个领域，强化城镇产业就业支撑，推进农业转移人口有序市民化，建立健全农业转移人口促进机制，优化城镇化形态和布局，提高城市建设和管理水平，推动城乡一体化发展，改革完善城镇化体制机制，实现中原崛起、河南振兴及富民强省
《福建省新型城镇化规划（2014～2020年)》	分析福建省城镇化发展的现状、主要问题及未来态势，走出一条具有福建省特色的新型城镇化道路，并加快以福建省为主体的海峡西岸城市群建设，坚持以人为本、四化同步、集约高效、生态文明、文化传承、市场主导、统筹规划等原则

三、积分落户制度的出台

积分落户作为新型城镇化背景下户口制度改革的重要创新，强调在优先解决存量基础上有序引导增量，通过对落户本地的外来人员量化赋分实现（见表 2-4）。积分落户为缓解"二等公民"的尴尬境地和农业转移人口市民化的实现提供新的思路，以更为开放和包容的心态接纳新市民，使其在社会保障、子女教育、医疗卫生、公共服务、基础设施等方面享有同城待遇，让城市未来发展充满活力。

表 2 - 4 部分城市积分落户细则

城市	积分落户申请人条件
广州市	20~45 周岁、初中以上学历、广东省居住证、广州有合法住所、广州创业或就业、符合计划生育政策、无犯罪、缴纳社会保险满 4 年。根据技术能力、文化程度、职业资格或工种、社会服务和纳税五项标准计算，积满 60 分即可
深圳市	18~45 周岁、身体健康、持有深圳居住证、缴纳社保、无刑事犯罪记录、未参加国家禁止的组织活动、符合深圳人口计划生育条例规定。根据学历职称、居住情况、参保情况及加分和减分指标计算积分，积满 100 分即可
上海市	积分指标包括基础分和专业分，基础分包括年龄、受聘情况、受教育情况、住房情况、亲属关系，专业分包括专业能力和专业培训，如科研创新、外语和计算机水平等。积分超过 120 分才可享受与上海市民相同的公共服务
青岛市	积分指标包括基本分（年龄、文化程度、参保情况等）、导向分（紧缺工种和落户地区）、附加分（投资纳税、表彰奖励和社会服务）和负积分，累计满 100 分的可申请参加积分排名，按照年度积分落户数量签发落户卡
北京通州区	持有北京居住证超 10 年、在通州有住房或租房超 8 年、缴纳社保连续超 10 年、国家中级以上职称、无刑事前科、985 或中科院研究所脱产硕士毕业

资料来源：根据相关报纸和网站信息汇总得出。

然而，从积分落户制的实施情况来看，主要存在以下问题：第一，多数积分落户政策嫌贫爱富、嫌老爱壮，高学历、高职称和部门主管人员落户比重较高，从事一般制造业与服务业等的农民工落户比重低，缺乏公平性原则；第二，积分落户指标不足，如 2011 年广州市外来务工人员 300 万人，而积分落户指标仅 3000 人；第三，部分外来人口不愿放弃原籍土地、福利待遇、子女入学等优惠政策，使得原本期望落户的外来人口数量普遍降低；第四，积分落户操作步骤繁多，涉及部门机构冗杂，审核过程复杂，包括学历证明、职业资格与技术职称、违法犯罪、连续居住证明及社会保险参与证明等，为落户者带来不便。

四、智慧城市的广泛建设

智慧城市由信息城市、智能城市、数字城市发展演化而来，作为城市治理的新模式，是知识创新 2.0 和新一代信息技术环境信息化发展的高级形态[197]，需要经历资源型城市、资本型城市、创新型城市和智慧型城市四个阶段[198]，已逐渐成为新型城镇化发展的主题。2011 年以来，智慧城市试点工作相继展开，重点关注城市民生、产业、管理等信息基础设施建设和信息管理系统设计，极大推动智慧城市快速发展[199]。截至目前，有超过 300 个城市提出智慧城市建设的目标和规划，各地区在政府部门和网络运营商的支持下，借助大数据、互联网、云计算等科学技术手段，开展智慧交通、智慧教育、智慧政务、智慧医疗、智慧安防、智慧环保、智慧旅游等重点专项，如表 2 - 5 所示。

表 2 - 5　智慧城市建设部分实践活动

重点专项	智慧城市建设部分实践活动
智慧交通	①西安市于 2015 年 6 月 9 日投入使用陕西省首座高速公路汽车充电站，新能源交通工具将得以重用，市民出行 APP 为其提供线路优化，推行公共自行车租用服务，发展慢行交通 ②沈阳市于 2015 年 7 月正式启动"行车易、停车易"的智慧交通公共服务系统，市民能够通过手机预先了解沈阳市全市道路拥挤情况和停车场剩余泊位，以解决静态交通问题 ③武汉市入驻高德地图的"交警平台"，将实时交通信息传达至高德地图这一平台，为用户出行节省时间
智慧社区	①南京市滨湖社区开通微信公众号"滨湖社区通"，点击"跳蚤市场"可捐赠、买卖或交换自己的二手闲置物品，点击"书记信箱""常用电话"可寻求咨询或帮助 ②上海机场集团与腾讯联手打造国内第一个"微信智慧机场社区"，加快机场与周边交通、社区治理等的一体化建设，为市民航空出行提供更多便利 ③银川智慧社区试点的建设使得常见病检测、水电费缴纳等能够在社区中"一网打尽"
智慧旅游	①三河古镇于 2014 年启动"智慧景区"建设，游客通过三河古镇 APP 不仅能够知道自己所处该景区的位置，还能知道去往景区内其他目的地的最短路线，进一步拓展古镇景区的发展空间 ②黄岛全面上线智慧旅游综合平台，涉及网上预订、网络互动、旅游攻略、360°全景虚拟体验等功能 ③盘锦红海滩湿地旅游度假区着力建设智慧旅游体系，打造主动推送旅游信息系统，开展廊道景区电子票务系统建设等
智慧农业	①济南长清建设"智慧菜篮子"综合服务平台，为蔬菜的管理、生产与销售插上互联网的翅膀，打造互联网 + 农业新业态，实现需求驱动生产 ②安徽怀远将物联网用于作物科研育种阶段，通过安置高清探头和传感器，将土壤肥力、病虫害等画面传至中央控制室，改变"面朝黄土背朝天"的生产模式 ③泰州建立"泰州智慧农业"服务管理平台，在该平台上传病虫害照片即可得到专家指点，若需要植保和农机专业化服务，只需发布就会有附近农业社会化服务组织抢单

续表

重点专项	智慧城市建设部分实践活动
智慧环保	①嘉善县借助物联网技术研发"环保天地图",采用 GPS 定位功能对全县 103 个污染源在线监控企业、2 个大气站、9 个地表水站等的具体位置和基本情况实时监测,打造智慧环保新样本 ②金华初次使用尾气遥感监测车,采用红外激光技术,过往车辆的尾气排放是否合格及有无环保标志等信息立即显示在该尾气遥感监测车车顶的 LED 显示屏上 ③哈尔滨将通过建设哈市燃煤锅炉环境管理系统打造智慧环保,对哈市 2700 多个锅炉排污情况进行实时检测
智慧政务	①2014 年 10 月海南省开始与腾讯合作上线海南"城市服务"平台,近日全省 19 个城市整体上线"城市服务"平台,涉及地税发票查询、海口港车客流量查询、景区天气查询、高考成绩查询等便民服务 ②昆山淀山湖镇将政务管理全程"晒太阳",将百姓问题形成"订单",使用智慧政务平台协调各部门进行解决并跟踪服务 ③贵州上线"贵州公安"微信公众服务号,创新尝试公安政务工作,除了了解身份证办理情况、犯罪信息举报、查询警务公开信息外,还可以直接与省公安厅厅长进行零距离交流
智慧医疗	①"健康海宁"这一覆盖全县的健康服务云平台整合了当地医疗机构专家、免疫接种、住院信息和健康体检等资料,方便居民掌上健康信息的一键查询和就医诊疗 ②济南移动分公司与卫生局采用"专线 + 有线宽带"的方式,签署智慧医疗专网合作协议,实现全市医院、卫生院和社区卫生室等药品信息和居民诊断信息的统一管理 ③浙江智慧疫苗接种平台能够记录孩子疫苗接种情况、提醒并预约下次接种时间等

资料来源:根据中国智慧城市论坛(http://www.chinasmartcity.org/)汇总整理得出。

然而,由于缺乏坚实的理论基础、统一的规划指导、完善的技术体系、丰富的研究方法、严格的法律规范和相应的技术标准、评价标准和建设标准等,我国智慧城市建设较为盲目,整体步伐相对较大,呈现碎片化和分割性特征,尚处于起步阶段。各地区忽视自身实际特点及对城市特色的挖掘,各部门独立开发并运行信息系统,尚未形成合力,加上政绩思想成为智慧城市建设的主导因素,重项目轻统筹,信息孤岛和资源浪费等问题突出,反而降低了城市运行效率。同时,面临着不同的风险事件和风险因素,实践水平较低,不能有效兼顾城市空间的效率公平等,也就不能在全国进行大范围的复制和推广。因此,未来的智慧城市建设应从我国国情和区域实际出发,以人为本,以真正为百姓办事为原则,汲取国外智慧城市建设的先进经验,探寻智慧城市建设的一般规律，实现金融创新和技术创新双驱动，鼓励多行业、多学科的协同参与，在示范积累基础上全面推进。

五、新城新区的广泛设立

新城新区作为一种相对独立的城市空间单元，主要包括经济技术开发区、保税区、高新技术产业开发区、工业园区、物流园区、大学城、自由贸易区、旅游度假区、出口加工区、空港新城、高铁新城等诸多类型。新城新区是城市空间扩展的新形式和社会经济发展的缩影，是城镇化进程的空间表现和重要支撑，在人口集聚、经济发展、"城市病"问题化解和城镇化方向探索等方面扮演重要角色，已经形成相对合理的发展体系，逐渐成为区域经济增长的新引擎。截至 2014 年 10 月，我国省级产业园区超过 1600 个，较大规模的市级产业园区超过 1000 个，县级以上新城新区超过 3000 个，县级以下产业园区超过10000 个[①]。这其中，部分新城新区如华夏幸福产业新城和西咸新区泾河新城的建设实践活动是具有显著积极性的，遵循区域发展实际和优势，以人的城镇化为核心，以市场为主导，实现产城一体和城乡一体，探索新型城镇化发展的特有模式和路径，对于区域新型城镇化发展具有较好的参考借鉴价值。

1. 华夏幸福产业新城——PPP 模式

华夏幸福作为专业的开发区运营投资公司，是全球产业新城的引领者，坚持以城带产、以产促城、产城融合、城乡一体的发展道路。2015 年 7 月，由华夏幸福主导的固安县工业园区新型城镇化项目成功入选国家发改委首批 PPP（Public – Private – Partnership，政府与社会资本合作）项目，这也是所有 PPP 项目中唯一的产业新城项目，对于试图进入新型城镇化领域的社会资本来说，提供了一个很好的参考样本。华夏幸福按照新型城镇化和工业园区建设的整体要求，充分发挥企业作为投资主体的作用和市场机制的作用，采用政府主导、企业运作、合作共赢的运作方式，提供包括基础设施建设服务、公益设施建设服务、规划咨询服务、产业发展服务、城市与专项运营服务等在内的一体化服

---

① 中国建设报，2015 年 8 月 21 日第 004 版。

务，打造生态环境优美、城市功能完善、产业高度集聚的产业新城，而政府在该过程中主要负责诸多一体化服务价格与质量的监管，确保公共利益的最大化。华夏幸福为地方政府完成从城市定位、产业规划到基础设施建设、产业发展服务和城市运营等，有效解决产城分离的问题，一定程度上为产业转型升级和区域经济发展提供持续动力①。

2. 西咸新区泾河新城——就地城镇化 + 城乡一体化

泾河新城是国家级新区——西咸新区的五大组团之一，位于西咸新区的东北部，规划面积 146 平方千米。首先，泾河新城建设遵循"核心板块支撑、优美小镇点缀、快捷交通链接和都市农业衬托"的现代田园城市理念，拟定田、园、城 4：2：4 的合理用地比例，即 40% 的农业用地主要发展现代农业，提高土地利用效率，引进先进技术，增加 2.5 倍的作物产量，20% 的园林用地用以提升城市品质，贯彻落实生态文明理念，40% 的建设用地用以使城市建设实现收支平衡，聚集产业和公共基础设施，支撑现代农业。

其次，泾河新城以人为核心，探索符合区域发展实际的新型城镇化道路，鼓励农民参与并自主创业，采取产业主导、市场运作和社会投资的方式，将零散的宅基地统筹规划成重点示范镇、产业小镇、风情小镇、丝路田园小镇等的点缀布局，形成独具特色的新型农庄。另外，全面启动现代农业示范区、FCI 现代田园城市示范区、崇文文化旅游景区及高装备制造和新能源新材料园区，让农民在各大领域实现创业和就业，使得村民在变成市民的同时，成为产业工人，继而实现就地城镇化，加快城乡一体化进程。

最后，开展多层次的就业培训、保障房建设、社会保障体系建设、土地所有权确权登记等情系民生的工作，为超过 7000 名失地农民完成户籍转换，超过 2000 名 60 岁以上失地农民领取社会养老保险金等，在基础设施先行和大项目带动战略下逐渐成为大西安北部的中西和现代田园城市的典范。

但是，自 1992 年我国第一个国家级开发区——上海浦东新区开发设立以来，我国新城新区建设普遍存在着过多过大的突出问题，呈现建大规模新城新

---

① 根据 http：//dy. qq. com/article. htm？ id = 20150731A014AR00 整理汇集得出。

区、大规模建新城新区的"新城热"（见表2-6）。而在新型城镇化这一国家
战略提出后，各地方政府为了获取更多的城市建设用地与土地财政收益，完全
不顾当地实际需要和自身财力，盲目再建新城新区，形成"市市有新城、县
县有新区"的空间格局。尤其是近年来随着高铁线路的快速建成，高铁新城
的建设不断掀起浪潮。根据21世纪经济报道的不完全统计，我国当前有着超
过70余座的高铁新城新区正在规划建设。考虑到缺乏合理的引导和科学的规
划，多数新城新区野蛮成长，其功能与主城区趋同，忽视区域特色，不能有效
缓解老城区容纳力低下的问题，土地利用效率较低，建设用地面积大大超过已
有土地利用规划和城市总体规划中的用地控制指标，基础设施重复建设和浪费
严重，不能有效发挥区域经济增长极的作用，"鬼城""空城"效应不断扩大，
难以形成人气聚集，可持续发展模式缺失，一定程度上加重地方政府的财务
负担[43]。

表2-6　我国17个国家级新区基本概况

名称	功能定位	规划面积（平方千米）	设立时间
上海浦东新区	上海国际金融中心、国际经济中心、国际贸易中心与国际航运中心的核心区及综合改革的试验区和开放和谐的生态区	1210.41	1992年10月11日
天津滨海新区	北方对外开放的门户、北方国际物流中心和航运中心、高水平现代制造业和研发转化基地	2270	2006年5月26日
重庆两江新区	城乡统筹综合配套改革试验区、长江上游金融与创新中心、内陆先进制造业与现代服务业基地、内陆对外开放重要门户、科学发展的示范窗口	1200	2010年5月5日
浙江舟山群岛新区	浙江海洋综合开发试验区、海洋经济发展先导区、长三角经济发展的增长剂	1440	2011年6月30日
甘肃兰州新区	西北地区重要经济增长极和国家重要产业基地、向西开放战略平台与承接产业转移示范区	806	2012年8月20日
广州南沙新区	粤港澳优质生活圈及新型城市化典范、世界先进综合服务枢纽、现代产业新高地等	803	2012年9月6日

续表

名称	功能定位	规划面积 （平方千米）	设立时间
陕西西咸新区	作为西部大开发战略深入实施的重要举措，推进西咸一体化进程，探索新型城镇化道路，拓展向西开放的深度和广度	882	2014 年 1 月 6 日
贵州贵安新区	探索欠发达区域发展新模式，实现人与自然和谐发展，建成西部重要经济增长极、生态文明示范区和内陆开放新高地	1795	2014 年 1 月 6 日
青岛西海岸新区	海洋科技自主创新领航区、海洋经济国际合作先导区、深远海开发战略保障基地、陆海统筹试验区等	2096	2014 年 6 月 3 日
大连金普新区	面向东北区开放合作的战略高地、东北全面振兴的重要增长极、体制机制创新示范区、老工业基地发展方式转变先导区、城乡统筹和新型城镇化先行区	2299	2014 年 6 月 23 日
四川天府新区	内陆开放经济高地、现代高端产业聚集区、宜业宜商宜居城市、城乡一体化示范区	1578	2014 年 10 月 14 日
湖南湘江新区	高端制造研发转化基地、两型社会引领区、产城融合且城乡一体的新型城镇化示范区、创新创意产业集聚区	490	2015 年 4 月 25 日
南京江北新区	自主创新先导区、现代产业集聚区、新型城镇化示范区、长江经济带开放合作节点	788	2015 年 6 月 27 日
福建福州新区	两岸交流合作承载区、东南沿海现代产业基地、生态文明先行区、改革创新示范区、扩大对外开放门户	1892	2015 年 8 月 30 日
云南滇中新区	面向南亚和东南亚辐射中心的重要支点、西部新型城镇化综合试验区、云南桥头堡建设重要增长极	482	2015 年 9 月 15 日

续表

名称	功能定位	规划面积（平方千米）	设立时间
哈尔滨新区	中俄全面合作的重要承载区、老工业基地转型示范区、东北地区新的经济增长极和特色国际文化旅游聚集区	493	2015 年 12 月 22 日
长春新区	创新经济发展示范区、图们江区域合作开发重要平台、新一轮东北振兴重要引擎和体制机制改革先行区	499	2016 年 2 月 15 日

资料来源：根据各国家级新区官方网站汇集得出。

第三节　新型城镇化发展的重要启示

一、坚持以人为本是新型城镇化发展的核心内容

新型城镇化过程中必须将人民群众的根本利益放于首位，一切以民为重，以民为本。广泛听取人民群众的意见，根据人民群众对征地拆迁、住房改善、环境治理、交通畅通、积分落户拟定、智慧城市建设等的需要制定城镇化发展规划，实现社会稳定与全面和谐。将 2.6 亿流动人口的市民化问题放在首要位置，保障全体居民享有基本公共服务。高度重视外来人口在大城市的就业、就医、教育、保障等问题，推进棚户区改造与新农村建设。加快实现林区、矿区和牧区的就地城镇化，增强中小城市和落后乡镇的产业支撑，实现城乡一体化，加快传统城镇化由数量规模增加向内涵质量提升转变[200]。

二、结合区域实际是新型城镇化发展的自然基础

考虑到我国城镇化率远远低于世界平均水平，城镇化水平的全方位提升应是今后工作的重点，新型城镇化发展必须立足国情，遵循城镇化演化规律，开

展实地调研以便于更好地了解现状，结合区域自然资源和自然条件、位置与交通信息条件、人口劳动力与科技条件、经济条件和社会条件，科学制定新型城镇化发展战略，与区域发展阶段相适应，在科学发展观和可持续发展理念基础上，在充分借鉴国内外城镇化及新型城镇化发展的实践经验基础上，最大限度地发挥区域资源禀赋优势，突出城镇个性与城镇特色，培育各具特色的城镇文化，打造城镇品牌，提升城镇品质，避免因盲目照搬其他地区新型城镇化发展模式造成的"千城一面"。

三、适时适速适度是新型城镇化发展的基本原则

从世界城镇化进程看，城镇化率提升 20 个百分点，英国历时 120 年、德国历时 85 年、美国历时 80 年、韩国历时 30 多年，而我国仅用 22 年，城镇化过快导致资源过度消耗、交通拥堵和有城无市等问题，处于"城市病"高发期。各地在城镇化过程中普遍存在重生产轻生态、重眼前轻长远、重利益轻效益的错误认识，忽视资源环境综合承载力，有悖生态文明建设理念，多数新城新区、开发区和智慧城市的建设较为盲目，企图利用新型城镇化机遇谋取更多物质财富，房地产库存越来越多，"鬼城"、空城、空心村大量存在。作为传统城镇化的全面提升，新型城镇化需要循序渐进，以点带面，渐次推进，强调经济、社会和生态效益的综合统一。

四、加强宏观调控是新型城镇化发展的重要保障

政府应该在新型城镇化发展进程中科学决策，统一规划，在遵循市场规律基础上，充分发挥指导、调控和规范作用，树立科学的政绩观与发展观，把握城镇化发展的正确方向，制定高起点和高水平的城镇化发展战略；坚持以工带农和以城带乡，建设以人为核心的服务型政府，增强服务意识，集中解决户籍改革、保障性住房、行政管理体制、土地利用等问题；合理规划城镇空间格局，规范空间开发，严惩企图借助新型城镇化谋取私利的行为；加大财政投入力度，加强对农村地区和欠发达地区基础设施的投资改造，尽可能改善就业、教育、社会保障、医疗卫生等的落后局面；重塑进城农民工的就业和生活环

境，推进城乡基本公共服务均等化，协调城乡矛盾，尽快实现城乡一体化，全力解决传统城镇化的遗留问题，促使社会和谐稳定。

五、实现健康城镇化是新型城镇化发展的落脚点

判断城镇化道路是否健康，主要取决于城镇化与经济发展阶段和工业化水平适应与否，与公共服务能力适应与否，与资源环境承载力适应与否，与就业水平适应与否，与新农村建设适应与否等方面[5]。健康城镇化作为城镇化发展新理念，与病态城镇化对应，是对传统城镇化过程中的固有模式和思路做出前瞻性与适应性的调整，包括人的健康发展、城乡互动健康和资源环境健康三个方面，其中，人的健康发展是核心、城乡互动健康是社会支撑、资源环境的可持续利用是自然支撑[201]。健康城镇化是新型城镇化发展的最终目标与落脚点，对于可持续发展方向的正确把握、人民生活水平的全面提升及小康社会的全方位建成等有积极的导向作用。

第三章 吉林省新型城镇化
发展的过程与评价

第一节 吉林省新型城镇化发展的阶段分析

吉林省是中国政治版图上出现较晚且变动较大的省份，也是我国城镇化发展较早的地区之一，多数城镇与长城的修筑、屯戍之所的开辟和郡县的设置同步，伴随各个朝代的兴衰而存亡，极少保存下来，这与中原地区城镇发展的历史继承性不同[202-204]。吉林省城镇化发展先后经历近代时期的初始阶段、日伪时期的雏形阶段、改革开放以前的波动增长阶段和改革开放以来的缓慢发展阶段。

一、近代时期城镇化发展的初始阶段

1860 年以来，伴随着封禁政策的废弛、移民兴边政策的实施、辽河航运的兴起、中东铁路的修建和日俄殖民势力的入侵等，吉林省进入现代意义上城镇化发展的初始阶段[202]，城市发展逐渐摆脱古代城堡的桎梏，地域结构、经济社会结构、人口规模、职能性质等发生显著变化，开始发展成为区域行政、交通、军事和工商业中心，但殖民地和半殖民地性质明显。

（一）关内移民的迁入与粮食供给地的形成

1861 年 2 月，景淳麟瑞开放官荒请求的批准，标志着吉林地区开始解禁开放。1894 年以前，舒兰以北土门子、西围地边荒、阿勒楚喀蜚克图和伯都讷围场、东部珲春和三岔口、伊通等边荒相继放垦。1905 年，清政府宣布吉林地区的土地全部放垦开禁。随着关内移民的大量涌入和移民实边政策的实施，吉林省人口总数快速增长，由 1910 年的 484.01 万人增至 1930 年的 931.7 万人（见图 3 - 1），占到东北三省总人口的 31.1%[205]。

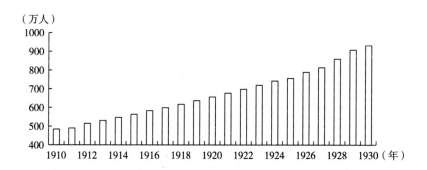

图 3 - 1   1910 ~ 1930 年吉林省人口增长统计

资料来源：朱惠方，董一忱．东北垦殖史上卷； ［日］满铁经济调查会．满洲经济年报 ［R］．1956.

河北、山东和山西等地破产农民的入关，为吉林省农耕业发展提供大批廉价劳动力，在艰苦条件下将数百万晌荒野变为良田，种植高粱、大豆、玉米、谷子、水稻、燕麦、烟草、棉花、花生、甜菜等作物。采用以大豆为中心合理轮作的生物养地技术，这样既保持地力，又稳定大豆的产量，推动土地资源的开发，增加城市财富积累。同时，带来富有特色的南北传统文化，增强发展活力，开辟商品流通市场，农产品加工业和商业贸易快速发展，吉林省成为国内外主要的粮食供给地。吉林城作为当时的省会，是余粮集中和销售中心，经济活动比较活跃，经销的粮食可转运至日本，其烟叶生产享誉东北；长春城作为长春府的经济和政治中心，是东北地区商品集散地，粮食买卖在地区贸易中起到重要作用。

（二）国际移民的迁入与近代化发展

日俄战争结束后，日本依据《朴次茅斯和约》将长春以南中东铁路线划归自己，其建设的满铁附属地在城市变迁过程中最先启动城镇化，新的科技知识和市政基础设施管理手段不断引入，依靠优越的物质条件和生活环境对国际移民尤其是日本移民（包括政府引导组织的以庞大的满铁株式会社职员为典型的殖民和零散的自由经商者）产生强烈的吸引力，人口增长极快（见表3-1），文化生活和物质生活开始近代化，城市外部形貌呈现多元组合特征。

表3-1　1907~1916年满铁长春、公主岭、四平附属地
日本移民数量　　　　　　　　　　　　单位：人

年份	满铁长春附属地	满铁四平附属地	满铁公主岭附属地
1907	687	206	1354
1908	1513	183	1279
1909	1688	233	1388
1910	2348	387	1581
1911	2708	385	1707
1912	2728	507	1661
1913	3274	616	1761
1914	3378	691	1800
1915	3465	629	1817
1916	3947	979	1261

资料来源：曲晓范. 近代东北城市的历史变迁［M］. 长春：东北师范大学出版社，1986.

1881年以来，朝鲜移民的大量涌入使得延边地区的人口激增（1931年末朝鲜移民近40万人），为该地区引入优质高产水稻，加快土地开发和商品市场的形成，延吉、珲春、龙井和头道沟开始城镇化进程。

（三）以煤矿和金矿为主的采矿业日渐兴起

鸦片战争以前，吉林省境内已有民间私采的煤窑和小金矿，鸦片战争以后的一段时间内，矿业开采以保守政策为主。光绪年间，为支付大量赔款，矿业

开采日益弛禁，先后设立垦矿总局、矿务木植公司、珲春属境矿务公司、宁古塔属境矿务公司和吉林矿务公司等，合计开矿数十处，以煤矿和金矿的开采量最大，其他矿产开采不大。开采形式既有官商合办，也有官办，还有私人开采，工艺技术水平相对落后，开采方法十分简单，年开采量低，如表 3-2 所示。

表 3-2　近代时期吉林省采矿业发展情况

采矿业	开采时间	开采情况
煤矿开采	同治年间	火石岭子等地
	光绪初年	老头沟、奶子山、马家沟等地有民间私采煤矿
	光绪六年	石碑岭、泥球沟子、大苇子沟、柳树河子、锅盔顶子煤矿
	光绪七年	大石头顶子、乱泥沟子、陶家屯、半拉窝集沟、二道沟子
	光绪二十三年	成立吉林等处矿务公司，将吉林府属煤矿归为官办
	光绪二十五年	21 家煤窑有吉林省矿务木植公司颁发的执照
	光绪二十八年	磐石县五道沟煤矿和蛟河奶子山煤矿
	1903 年	伊通半拉山门煤矿
	日俄战争前后	官办煤矿有蛟河奶子山煤矿、通化铁厂煤矿和缸窑煤矿；商办煤矿有九台火石岭、延吉老头沟、辉南杉松岗、伊通半拉山门和双阳县大大顶子等
金矿开采	—	珲春柳树河金矿、宁古塔太平沟金矿、万鹿沟金矿、夹皮沟金矿、蜂蜜沟金矿、汪强石建坪金矿等
其他矿种开采	—	延吉宝山银矿、磐石石嘴山铜矿、临江大栗子沟铁矿、通化七道沟铁矿、磐石县半截沟铅矿、阿勒楚喀硝土矿等

资料来源：李诚固，董会和. 吉林地理［M］. 北京：北京师范大学出版社，2010.

（四）辽河航运的兴盛与新兴市镇群的出现

辽河航运的兴盛形成依托河运码头的传统小市镇，许多码头成为进口工业品和出口农产品的集散中心，带动沿河一带搬运、打包、客货栈、饮食、装卸等的发展，如郑家屯作为重要的牧业产品集散地，至 1902 年，拥有栈行 22 家、木行 4 家、药行 3 家、大车店 6 家、钱庄和杂货行 42 家，商业从业人员 2600 人；城镇工商业的发展，促进城镇空间规模的扩展，至 1885 年，东辽河上游的奉化县（今梨树县）建成横向五街和纵向四街，沿街建有药王庙、文昌宫、关帝庙、文庙、城隍庙、学署等，城市形态愈发完备，形成包括伏龙泉、农安、大房身、法特向、乌拉街等在内呈现东西走向的新兴市镇群。中东铁路支线修建前，长春市人口已达 7 万人，位于盛京（今沈阳）和吉林之间，成为区域政治经济文化中心与农副产品和土特产品的集散中心[206]。

（五）中东铁路的修建与经济联系的增强

中东铁路的修建加剧近代半殖民地化，但纵贯南北、横穿东西的对外连接能力使其与港口和口岸成为有机整体，结束内陆城乡与外部世界隔绝的历史，实现与大连的陆海联运及与俄罗斯的国际联运，形成"T 型"城市群，一些具有丰富资源和优越自然条件的区域依托交通优势首先得到开发，城市数量与人口迅速增加，区域城镇化水平高于国内和世界其他欠发达地区，经济重心由辽河流域转至中东铁路沿线。受中东铁路低成本（枕木就地取）和高收益（农产品与矿产资源商品率高）的吸引，铁路建设出现热潮（包括吉长铁路、吉敦铁路、四郑铁路、郑洮铁路、洮昂铁路、沈吉铁路），增强中心城市之间及其与各城镇的经济联系，长春东、卡伦、九台、营城、土们岭、桦皮厂、九站、江密峰、额赫穆、蛟河、黄泥河、敦化、四平、郑家屯、保康、开通、洮南、白城子、镇东（今镇赉）等多演变为城区和近代化城镇，吉林市重现生机与活力，再次成为区域中心城市。一些交通枢纽地、行政中心所在地和森林矿产分布地等逐渐形成和发展起来，铁路沿线许多村落和乡村小镇渐次走向城镇化。

综合来看，近代时期吉林省的农工商业得到显著发展，农产品单位面积产量相对稳定，长吉地区和松嫩平原等成为著名的农业产粮区，农业生产与农产品生产加工均出现明显的地域分工。工厂数量迅速增多（1912 年 311 家），工业结构以采矿业为重心，附之以军事工业为主的机械制造业（抗击日俄入侵，以 1883 年吉林机器局的建成为标志），为重工业基地建设打下基础。进出口贸易公司和运输公司不断出现，欧亚市场链接起来，促进商业发展和国际贸易联系，形成包括木材加工、木材运输和木材贸易等部门的较为完整的产业体系。区域中心由吉林省单核逐渐向长吉双核过渡，殖民经济由中部向东西两翼扩散，城镇数量增多且经济职能增强，经济重心南移，城镇密度逐步演变为南高北低，北部的伯都讷新城衰落，南部的四平街、公主岭市、辽源市、通化市、郑家屯等成为新兴城镇，并沿南北向南满支线和东西向吉长线、四洮线等分布，地域分工开始出现。

二、日伪时期城镇化发展的雏形阶段

1931～1945年，日本侵占中国东北，建都新京（今长春），开展现代殖民活动，从事扩大本国工业经济意义的开发，实现全面工业现代化。吉林省作为日伪统治的政治核心区，城镇化正常发展进程被迫中止。森林资源和金属资源等虽经掠夺式开发，但其能源和工业原材料应有尽有、储量大、名列全国前茅，现代工矿业比重高，自然资源基地地位没有发生改变，也为吉林省重工业基地和农牧业基地建设、以农畜产品为原料的轻工业发展及城镇化建设积累基础。

（一）工业结构体系畸形发展

吉林省在日伪殖民统治下工业结构体系呈现畸形发展特征，以农业资源生产加工和森林与矿产资源开采为主要工业部门，形成工农业殖民附庸体系，丧失工业发展自主权。农产品商品化率有所提高，耕地面积迅速扩大但产量不断降低。工业基础相对薄弱，工业部门残缺不全，产品结构品种单一，工业企业畸形布局，产量小，工业原材料与机械设备及日用生活品等基本上完全依赖国外，这成为新中国成立后工业发展的刚性束缚。轻工业产值比重（67.4%）高于重工业产值比重（32.5%），其中在轻工业中，以面粉、榨油和酿酒三大传统食制造工业为主，制糖和卷烟等部门次之，工业水平十分落后，产品档次低。在重工业中，以采掘业和采伐业为经营重点，充分反映日本殖民主义者的掠夺性质和特点。

（二）人口总量整体呈现上升态势

东北沦陷初期，日本帝国主义野蛮屠杀和压榨当地群众，大批难民逃亡关内，而且严禁关内移民进入东北，吉林省人口呈现递减态势，以1931～1935年尤为明显。1937年，侵华战争全面爆发，关内人口加速向吉林省迁移，与此同时，日本组织大量的日本人和朝鲜人进入东北地区，在本身人口繁衍增长基础上，吉林省人口总量迅速增加，由1937年的910万人增至1943年的1154万人，如图3-2所示。

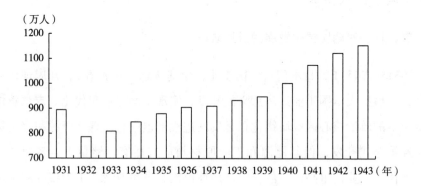

图3-2 1931~1943年吉林省人口增长统计图

资料来源：吉林省地方志编纂委员会.吉林省志·卷五·人口志［M］.长春：吉林人民出版社，1992.

（三）长吉双核城镇格局初步形成

这一时期，吉林省城市规划面积广阔、容量大、布局严整适用、近代化水平高，体现"田园城市"特色，区域空间布局得以合理调整，铁路指向性和资源指向性更加明确。长吉双核的城镇格局逐步完善，其中：长春市作为区域政治中心城市，重点发展轨道交通，建设文教机构，加快房屋建设；吉林市作为经济中心城市，打造伪满"第一旅游城市"，利用松花江水力资源和丰满电力建设侵略所需的盐酸、水泥等，形成吉林著名化工城市的基础。两个中心城市的腹地范围有限，之后通过建设能源城市——通化，形成包括大栗子、临江、集安等在内的矿业城市群，城市人口迅速增加（多为日本移民）[207]。但是尚未形成大城市，多为边疆地区小型工矿镇，在严格的等级居住制度下，城乡对立严重，城镇之间相互孤立（主要与日本产生经济联系）。至1945年日本投降，随着投入资金的日渐匮乏，已建成的公园、水网、道路等基础设施相继破坏，吉林省城市发展走向全面衰败。

三、改革开放以前城镇化的波动增长阶段

（一）新中国成立初期的调整恢复阶段

1949～1952年底，我国处于国民经济恢复时期，逐步摆脱帝国主义统治和长期战乱，在中央统一规划部署下，综合考虑各区资源状况和经济基础及各主要中心城市分布特点，进入经济开发为主导的城市有序发展阶段。吉林省在积极恢复和改扩建原有工业企业基础上，新建并迁入一批民用工业企业，国有工业企业队伍进一步发展壮大，轻工业比重持续上升（见表3-3），而日伪时期遗留下来的工业自主能力差，依赖性强，基础相当薄弱。

表3-3　国民经济恢复期吉林省轻、重工业的总产值与年均增长速度比较

年份	总产值（亿元）		年均增长速度（%）	
	轻工业	重工业	轻工业	重工业
1949	1.7	1.9	—	—
1950	2.9	3.9	74.1	57.9
1951	4.1	3.1	55.8	28.9
1952	5.9	4.6	51.7	35.3

资料来源：李诚固，董会和. 吉林地理［M］. 北京：北京师范大学出版社，2010：7.

（二）"一五"时期的短暂发展阶段

1953～1957年底，我国处于第一个五年计划发展时期，这也是吉林省轻工业向重工业转变的关键时期。吉林省作为国家重点投资的地区之一，大型项目的建设有效地推进了吉林省城镇化进程。

（1）重工业结构体系建成。以重工业建设为主导，形成包括油田开发、石油加工与化工、火电站、金属与有色金属原材料工业、森林工业等在内的重工业部门体系和地域体系，产品生产能力迅速提高，在全国比重增长很快，对全国的支援与帮助也大大增强，逐渐成为全国原油、木材、煤炭、钢铁等重型装备基地，形成以钢铁、机械、有色金属、化学等制造业，煤炭、电力、石油等能源工业，飞机、船舶、武器装备等国防军事工业为主体的基础设施比较完

新型城镇化发展的特征、机制与路径研究——以吉林省为例

善的工业基地。

（2）地域分工相对明确。吉林省作为国家重点投资建设的地区之一，城镇化水平高于全国平均水平，城市人口快速增加，城市数量增多，用地规模扩大，经济联系加强，地域分工相对明确，长春市汽车生产制造职能逐渐增强，依托区位优势和中心城市条件新建"一汽"、铁路客车厂、柴油机厂、拖拉机厂，成为交通运输机械制造中心；吉林市石油化工职能逐渐增强，依托丰满水电站、松花江水资源和煤炭与森林资源，建成初期以煤为原料，后期以石油为原料的"三大化"（染料、化肥和电石）及耗能耗水耗原材料多的碳素、铁合金与造纸企业等全国第一个化学工业基地；随着东部大规模矿业和林业资源的开发，一些具有林业加工职能和工矿职能的城镇逐渐发展起来。

（3）苏联援助成为主导。"一五"时期，苏联援建我国156个大型重点工业项目，其中东北地区54项，吉林省11项（见表3-4），以煤炭和钢铁原材料等大重型装备制造业为主，多数为新建，有的是对原有老厂的改扩建，采用的技术水平在当时苏联和世界都是较为先进的，主要借鉴苏联工业建设模式，即：依据地域生产综合体理论，采取大而全的办法，企业办社会，自成相对完整的系统，初期都发挥着积极效果，保证生产生活的正常进行和职工队伍的稳定提高，满足主要零部件的及时供应，但与所在地域和城市融合性差，相对独立。随着时间推移，企业负担加重，带动作用不明显，违背工业部门明确分工与紧密联系的原则，经济收益愈发减少，自上而下的城镇化发展模式日渐形成。

表3-4 "一五"时期苏联援建吉林省的11项重点项目

项目名称	性质	地点	规模	建设期限
辽源中央立井	续建	辽源	90万吨	50~55
通化矿区湾沟竖井	—	通化	—	—
丰满水电站	扩建	丰满	42.25万千瓦	51~59
吉林热电站	扩建	吉林	10万千瓦	56~58
吉林铁合金厂	新建	吉林	铁合金4.35万吨	53~56
吉林电缆厂	新建	吉林	石墨制品2.23万吨	53~55

续表

项目名称	性质	地点	规模	建设期限
吉林染料厂	新建	吉林	合成染料及中间体7385吨	55~58
吉林化肥厂	新建	吉林	合成氨5万吨、硝酸铵9万吨	54~57
吉林电石厂	新建	吉林	电石6万吨	55~57
吉林电极厂	新建	吉林	—	—
长春第一汽车制造厂	新建	长春	解放牌汽车3万辆	53~56

资料来源：陈才，李广全，杨晓慧，等．东北老工业基地新型工业化之路——怎样认识东北，如何振兴东北［M］．长春：东北师范大学出版社，2010．

（三）"一五"以来的减速发展阶段

"一五"计划的顺利完成，使得"赶超英美、人海战术、大炼钢铁"等的高速发展成为目标，农村人口大规模涌入城市，城市规模过度膨胀，吉林省城镇化率由1958年的31.30%升至1960年的39.31%。在三年自然灾害、三年国民经济调整及"文化大革命"等的影响下，吉林省城镇化发展经历减速的过程，城镇化率降至1977年的30.04%，但整体对吉林省经济社会发展冲击不大。

1959~1961年的三年自然灾害时期，城市粮食供不应求，政府通过户籍制度改革压缩城镇人口，产生"反城镇化"现象，城乡二元结构严重。三个年份的工业产值先增后减，分别为17.78亿元、22.17亿元和11.87亿元，先后建成30对矿井、长春纺织厂、四平纺织厂等，完成丰满水电站的续建一期和吉林热电厂的四期扩建，组建扶余油矿，正式开发吉林油田。

1961~1963年的国民经济调整之后，工业生产重新走上稳步发展的道路，工业产值由1962年的11.47亿元增至1966年的19.63亿元，原有企业生产能力得以提升，新建四个小糖厂和延吉卷烟厂，扩建开山屯化纤浆厂，建成洮南毛纺厂和四平维尼纶试验厂，建成投产吉化公司二期工程，提升吉林省大型化工基地的生产技术水平，另外，还新建通化钢铁公司，扩建吉林碳素厂和铁合金厂等。

1966~1976年的"文化大革命"时期，政治经济领域的重大失误使得国民经济发展受到重创，吉林省城镇化发展进入停滞倒退阶段，城市发展严重受阻，城市人口大规模回迁农村，经济增速逐渐下降[208]。即便如此，吉林省工业实力依然提升，工业产值由 1967 年的 16.42 亿元增至 1976 年的 35.34 亿元，重点发展钢铁、能源和化工等部门，包括续建通化钢铁厂，深入开发建设扶余油田，增加原油生产能力，建设长山化肥厂，建成长春石碑岭、新立城等12 个煤矿，与此同时，电子产业、建材工业、交通电信业、森林工业和轻工业也有相应发展。

四、改革开放以来城镇化的缓慢发展阶段

改革开放初期，在工业化和现代化建设的推动下，在国民经济"调整、改革、整顿、提高"八字方针的指引下，吉林省城镇化发展逐渐步入正轨。

首先，人均粮食占有量、粮食商品率和粮食出口量等均居全国首位，成为世界三大黄金玉米带之一。1978 年 5 月，确定榆树、农安、德惠、双阳、九台、梨树、伊通、永吉、扶余等 12 个县为商品粮基地县，同年 7 月，增加 15个商品粮基地县，1979 年 5 月，改变商品粮基地建设方针，将榆树、农安、德惠、九台等作为重点建设县。1983 年，加大重点建设县的资金和技术投入，做好农田水利设施配套，建设良种繁育推广体系。

其次，工业发展的经济效益逐步提升。加强原有工业企业内部改革，关停并转效益不好的工业企业，增加能源和建材等部门的资金投入，建成或部分建成前郭化肥厂、长春拖拉机厂、四平联合收割机厂、吉林化纤厂，扩建庙岭水泥厂和松江水泥厂等，提升水泥生产能力，缓解能源和建材的紧张状况，两大支柱产业交通设备制造业和化学工业的发展尤为迅速。

20 世纪 90 年代初期，计划经济向市场经济体制转轨、国家经济政策治理整顿及经济重心向东南沿海转移成为宏观背景。由于长期受到计划经济体制的影响，结构性与体制性矛盾日渐凸显，行政干预自上而下渗透至基层，生产组织缺乏主动性、创造性和积极性，技术创新周期长、品位低、竞争力差，基于旧体制框架设计改革思路无法摆脱传统模式。加上缺乏市场经济观念，对市场信号反应的灵敏度较差，工业结构严重老化，结构转换滞缓等，东北老工业基

地根本无法应对新生市场的变化和挑战，缺乏内生动力，与国内其他地区的经济增长势头形成极度反差，地方财政赤字严重，经济发展出现零增长甚至负增长，经济地位下降，工业经济效益和居民生活水平全面下滑，大批国有企业处于停产和半停产状态，部分矿山枯竭，企业倒闭，出现大规模职工下岗失业的"下岗潮"，这种工业增长严重衰退的状况被称为"东北现象"[209]。这一阶段，吉林省城镇化发展动力愈发不足，城镇化发展几乎停滞，城镇化率年均增长0.63个百分点，随着国企改革进程中经济体制结构的调整，城镇化率年均增长开始低于0.1个百分点，远滞后于同时期全国城镇化增长速度，使得原本在20世纪80年代就已经开始下降的全国地位雪上加霜。

2003～2012年是东北等老工业基地穷则思变和重新焕发活力的十年。《关于实施东北地区等老工业基地振兴战略的若干意见》《东北地区振兴规划》《东北振兴"十二五"规划》《吉林省城镇体系规划（2011～2020）》等外部政策扶持和资金投入成为主基调，吉林省城镇化率由2003年的51.77%增至2012年的53.71%，地区生产总值、社会消费品零售额等经济指标增幅明显（见表3-5），城镇体系逐渐优化，特色城镇化不断推进，产业结构得以调整，民生建设步伐加快，开放格局日渐形成。但是，制约吉林省城镇化发展的体制性、机制性和结构性矛盾没有根本解决，发展过程中的不协调、不均衡、不可持续问题依然突出。

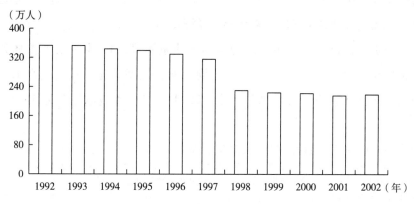

图3-3 1992～2002年吉林省第二产业从业人员变化情况

表 3 - 5　2003 年和 2012 年吉林省主要经济指标的变化情况

主要经济指标	GDP（亿元）	社会消费品零售额（亿元）	财政收入（亿元）	城镇居民人均可支配收入（元）	农民人均纯收入（元）
2003 年	2662.08	1140.91	154	6260.2	2530.4
2012 年	11939.24	4772.94	1041.25	20208.04	8598.17
年均增速	18.15%	17.24%	23.66%	13.91%	14.56%

　　面对国际经济复苏低迷和国内经济"三期叠加"的复杂环境，吉林省城镇化发展依然强调速度至上、发展导向、投资拉动、有形之手和保守观念，忽视效益至上、转型导向、创新驱动、无形之手和改革意识，产生"新东北现象"①。具体来看，吉林省经济发展呈现"断崖式下滑"，经济下行压力较大，主要经济指标纷纷滑出合理区间，经济增长速度由 2010 年的 13.8% 降至 2014 年的 6.5%，而同时期全国地区生产总值降幅仅为 3 个百分点，吉林省地区生产总值占全国的比重由 2012 年的 2.24% 递减至 2014 年的 2.17%，且这种滑坡势头愈发严重。另外，吉林省人口增长面临危机，后备劳动力资源严重不足，人口老龄化程度加剧，受到经济实力较弱、工资待遇偏低、社会就业保障不足、人才管理机制和激励机制不健全、职业培训市场秩序混乱、地理位置较偏及冬季气候寒冷等的影响，逐渐成为人才流失大省，且有加速流失趋势，尤其在教育行业和工业企业，形成"人才陷阱"和"北雁南飞"现象，"本地市场效应"无法带动经济发展，直接影响经济复苏。

　　这一阶段，吉林省城镇化增速减缓、质量不高。1998 年以来吉林省城镇化水平年均提高 0.74 个百分点，而同时期全国城镇化率年均提高 1.3 个百分点，城镇化增速仅为全国的一半，2014 年吉林省城镇化率为 54.83%，

---

　　①　"新东北现象"表面上是外需不足、投资拉动减弱造成的"减速"，实质上是没有解决好的传统产业发展困境和老工业基地深层次矛盾的集中爆发，虽然经济增速和财政收入等指标放缓，以工业为主的第二产业比重下滑，"傻大黑粗"的能源、钢铁和传统装备制造业遭受冲击，产品单一，低端企业经营困难等问题同样存在，但经济总量、生活水平、技术水平和抗风险能力均有大幅提升，新增就业、居民收入、物价等民生指标递增，以服务业为主的第三产业比重上升，高端技术企业迅猛发展，自主研发成果显著等，因此，"新东北现象"是"成长中的烦恼"，与"东北现象"有着显著区别。

略高于全国城镇化率54.77%（见图3-4）。根据《2014年中国城镇化质量评价报告》，吉林省仅有松原市、长春市和吉林市三个地级市进入全国286个城市样本中的前100位，排名分别为67、68和95，可见吉林省城镇化发展质量并不高，与新型城镇化的要求相距甚远，缺乏健全的城市功能和城市特性，城镇的现代化设施、生活质量、管理水平、人口素质等还没有达到相应的水平。

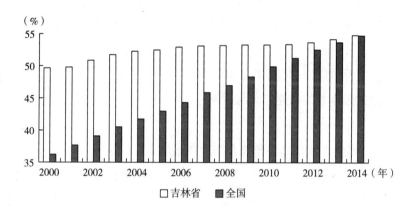

图3-4 吉林省城镇化率与全国城镇化率比较

第二节 吉林省新型城镇化水平的空间分异

一、指标体系的构建

指标体系的科学构建是新型城镇化水平测度评价及发展战略制定的基础，目前尚缺乏统一或公认的标准，仍处于探索阶段，成为亟须解决的理论问题，具有一定的探索性。综合已有研究[210-213]，本书认为，新型城镇化指标体系的构建有别于传统城镇化，应该坚持以下三点原则：

第一，坚持全面性，突出重点。新型城镇化是传统城镇化的概念内涵、目标内容和实现方式的全面提升，是一个包含社会、经济、人口、环境等各个方面的有机整体，应更多强调人口城镇化是新型城镇化发展的核心，经济城镇化是新型城镇化发展的根本动力，生态城镇化是新型城镇化发展的重要保障，城乡一体化是新型城镇化发展的前提和准则。

第二，坚持区域性和可操作性。新型城镇化的发展尚无成功的固定模式和路径可言，某种城镇化模式之所以较为成功，主要因为该模式恰巧契合区域自然、经济、社会和资源环境等条件，因此指标体系的构建应结合区情，符合实际。

第三，坚持时效性和科学性。新型城镇化是一个动态的和循序渐进的发展过程，因此指标体系的构建应该与时俱进，符合社会经济发展的需要，具有前瞻性。

（一）中国新型城镇化水平评价指标体系

根据全面性、区域性、可操作性、时效性和科学性原则，基于新型城镇化的内涵本质，参照已有研究成果，构建包括人口城镇化、经济城镇化、生态城镇化和城乡一体化4个准则层及25个指标层在内的中国新型城镇化水平评价指标体系（见表3-6），基础数据直接或间接源于2015年的《中国统计年鉴》。

（二）吉林省新型城镇化水平评价指标体系

根据已有研究成果、新型城镇化的内涵本质及吉林省区域发展实际等，构建包括人口城镇化、经济城镇化、生态城镇化、城乡一体化4个维度及24个指标在内的吉林省新型城镇化水平评价指标体系（见表3-7）。基础数据直接或间接源于2015年的《吉林省统计年鉴》《长春统计年鉴》《吉林统计年鉴》《松原统计年鉴》《白城统计年鉴》《白山统计年鉴》《通化统计年鉴》《四平统计年鉴》《延边统计年鉴》《辽源统计年鉴》及各地区国民经济和社会发展统计公报。

表3-6 中国新型城镇化水平评价指标体系

目标层	准则层	指标层	单位	指标属性
中国新型城镇化水平评价指标体系（NUR）	人口城镇化（PUR）	城镇人口数（X_1）	万人	正向
		城镇人口比重（X_2）	%	正向
		每十万人在校高等教育学生数（X_3）	人	正向
		城乡居民基本养老保险参保人数（X_4）	万人	正向
		每千人医疗卫生机构床位数（X_5）	张	正向
		城镇单位就业人员数（X_6）	万人	正向
		城镇登记失业率（X_7）	%	逆向
	经济城镇化（EUR）	人均GDP（X_8）	元	正向
		二三产业产值比重（X_9）	%	正向
		第三产业产值比重（X_{10}）	%	正向
		人均社会消费品零售总额（X_{11}）	万元	正向
		全社会固定资产投资额（X_{12}）	亿元	正向
		人均地方公共财政收入（X_{13}）	万元	正向
		邮电业务量（X_{14}）	亿元	正向
	生态城镇化（SUR）	人均城市道路面积（X_{15}）	平方米	正向
		人均公园绿地面积（X_{16}）	平方米	正向
		建成区绿化覆盖率（X_{17}）	%	正向
		废水排放总量（X_{18}）	万吨	逆向
		二氧化硫排放量（X_{19}）	万吨	逆向
		一般工业固体废物产生量（X_{20}）	万吨	逆向
		森林覆盖率（X_{21}）	天	正向
	城乡一体化（URI）	农业机械总动力（X_{22}）	万千瓦	正向
		有效灌溉面积（X_{23}）	千公顷	正向
		城乡居民恩格尔系数比重（X_{24}）	—	逆向
		城乡居民人均收入比重（X_{25}）	—	逆向

表 3 - 7　吉林省新型城镇化水平评价指标体系

目标层	准则层	指标层	单位	指标属性
吉林省新型城镇化水平评价指标体系（NUR）	人口城镇化（PUR）	非农业人口数（X_1）	万人	正向
		非农业人口比重（X_2）	%	正向
		万人普通高等学校学生数（X_3）	人	正向
		城镇基本养老保险参保人数（X_4）	人	正向
		万人拥有床位数（X_5）	张	正向
		移动电话用户数（X_6）	万户	正向
		互联网宽带接入用户数（X_7）	万户	正向
		年末单位从业人员数（X_8）	万人	正向
	经济城镇化（EUR）	人均 GDP（X_9）	元	正向
		二三产业产值比重（X_{10}）	%	正向
		第三产业产值比重（X_{11}）	%	正向
		人均社会消费品零售总额（X_{12}）	元	正向
		全社会固定资产投资额（X_{13}）	万元	正向
		人均地方财政总收入（X_{14}）	元	正向
		邮电业务总量（X_{15}）	万元	正向
	生态城镇化（SUR）	人均拥有道路面积（X_{16}）	平方米	正向
		人均公共绿地面积（X_{17}）	平方米	正向
		工业固体废弃物综合利用率（X_{18}）	%	正向
		工业废气排放量（X_{19}）	亿立方米	逆向
		工业废水排放量（X_{20}）	万吨	逆向
	城乡一体化（URI）	人均耕地面积（X_{21}）	公顷	正向
		农业机械总动力（X_{22}）	万千瓦	正向
		有效灌溉面积（X_{23}）	千公顷	正向
		城乡居民人均收入比重（X_{24}）	—	逆向

二、计算方法

熵是一个源于热力学的物理概念,由申农（C. E. Shannon）最先引入信息论,熵值法能够克服权重确定的主观性和多指标变量的重叠,深刻反映指标熵值的效用价值,指标权重值的可信度比专家评估法和层次分析法更高,比较适于多元指标的综合评价分析,现已被广泛用于社会经济研究领域[214-216]。具体计算步骤为:

（1）构建原始指标数据矩阵 $X = \{x_{ij}\}(0 \leq i \leq m,\ 0 \leq j \leq n)$, m 为待评价城市, n 为评价指标, x_{ij} 为第 i 个待评价城市第 j 个评价指标的指标值。

（2）原始数据的极值标准化,以消除各指标量纲、量纲单位和正负向等的影响,对于正向指标而言, $x'_{ij} = x_{ij}/x_{max}$,数值越大对新型城镇化的发展越有利;对于逆向指标而言, $x'_{ij} = x_{min}/x_{ij}$,数值越大对新型城镇化的发展越不利,其中 x_{max}、x_{min} 分别代表第 j 项评价指标的最大与最小值。

（3）计算第 i 个待评价城市第 j 个评价指标值的比重: $y_{ij} = \dfrac{x'_{ij}}{\sum x'_{ij}}$。

（4）计算第 j 个评价指标的信息熵: $e_j = -\dfrac{1}{lnm}\sum\limits_{i=1}^{m} y_{ij}lny_{ij}$。

（5）计算第 j 个评价指标的信息熵冗余度: $g_j = 1 - e_j$。

（6）计算第 j 个评价指标的权重: $w_j = \dfrac{g_j}{\sum\limits_{j=1}^{n} g_j}$。

（7）计算第 i 个待评价城市的新型城镇化综合得分: $NUR = \sum w_j x'_{ij}$。

三、结果分析

（一）吉林省与中国31个省区新型城镇化水平的测度与比较

1. 新型城镇化水平的总体测度与比较

2014 年,中国新型城镇化水平总体较低,平均值为 0. 1764,仅有上海市、山东省、广东省、河南省、海南省、江苏省、河北省、北京市、浙江省、安徽省、湖南省、四川省、湖北省 13 个省区超过平均水平,占到全部省区数量的

41.94%，集中分布于东部尤其是沿海地区，其新型城镇化发展应该更多注重教育、医疗、就业、社会保障等基本公共服务体系的建设，提升城镇居民生活质量，避免盲目扩张城镇面积和大规模增加城镇人口比例；其余 18 个省区的新型城镇化水平均在平均值以下，占到全部省区数量的 58.06%，集中分布于中西部内陆地区和东北地区，其新型城镇化发展仍处于加速发展阶段，应该更多增强经济产业支撑能力和人口集聚能力，完善城镇基础设施建设，有序推进农业转移人口市民化，提升区域综合竞争力。中国新型城镇化水平空间分异特征不太明显，标准差为 0.0651，上海市新型城镇化水平最高（0.3909），青海省新型城镇化水平最低（0.0908），两者相差 0.3001。就东中西三大经济地带而言，新型城镇化水平呈现东部＞中部＞西部，超过新型城镇化水平均值的 13 个省区中有 8 个位于东部经济地带，而后六位的省份均位于西部经济地带，由此可见，新型城镇化水平与区域经济发展水平整体呈现正相关。

2014 年，吉林省新型城镇化得分 0.1318，居于全国 31 个省区的 24 位，仅高于中部资源大省山西省（0.1278）及西部内陆地区的新疆维吾尔自治区（0.1267）、西藏自治区（0.1235）、贵州省（0.1107）、甘肃省（0.1074）、宁夏回族自治区（0.0952）和青海省（0.0908），其新型城镇化水平与东部沿海发达省份差距相对明显。作为我国重要的粮食生产基地，吉林省新型城镇化水平低于同是产粮大省河南省（0.2538）的新型城镇化水平。另外，作为东北老工业基地的重要组成，辽宁省和黑龙江省的新型城镇化水平也高于吉林省，其中辽宁省新型城镇化得分在全国排名 15 位，黑龙江省排名 18 位，吉林省新型城镇化水平在区域发展进程中失去比较优势。

2. 新型城镇化水平的子系统测度与比较

2014 年，吉林省人口城镇化得分 0.0291，低于全国人口城镇化平均值 0.0498。近五年来，吉林省城镇人口和建设用地分别增加 1.8% 和 25.5%，人口城镇化明显滞后于土地城镇化，城镇居民养老保险实际参保率仅为 69%，进城农民工在基本公共服务和社会保障福利上没有享受到市民化待遇，人口城镇化尚未真正实现。

2014 年，吉林省经济城镇化得分 0.0344，低于全国经济城镇化平均值

0.0470，经济发展水平整体处于中等偏下，虽然农产品生产加工、装备制造业、科技文教等为经济城镇化发展奠定了良好的经济产业基础，但是计划经济体制的结构性和体制性矛盾日渐显现，经济极化现象明显，产业结构高度趋同且单一、关联度不高且恶性竞争，产业结构的合理化与高级化调整升级亟须进行，制约吉林省经济城镇化水平的全面提升。

2014 年，吉林省生态城镇化得分 0.0422，低于全国生态城镇化平均值 0.0436，差值与其他 3 个子系统相比不大，这与生态环境类型多样、生态系统相对完整且可恢复性好等密切相关，自西向东分布着西部草原湿地生态区、中部松辽平原生态区、东中部低山丘陵次生植被生态区和东部长白山原始森林生态区，为生态城镇化的发展奠定重要基础。

2014 年，吉林省城乡一体化得分 0.0262，低于全国城乡一体化平均值 0.0361。长期以来，吉林省城镇居民人均可支配收入始终超过农民人均纯收入的 2 倍多，土地城镇化的快速推进造成农民失地问题突出，农业生产的粗放、零散、不成规模、技术落后等制约着农业现代化的顺利实现，城乡居民在基本公共服务和市政设施服务等方面差异显著，在教育、就业、医保等方面尤为突出。另外，行政区经济明显、中心城市尤其是市辖区对外围县域的辐射带动作用不强等也制约着吉林省城乡一体化的深入推进。

（二）吉林省 9 个地域新型城镇化水平的测度评价

1. 新型城镇化水平的总体测度

2014 年，吉林省 9 个地域单元新型城镇化平均值 0.0927，城镇化质量整体不高，各地区传统产业竞争优势衰退，新兴产业实力尚未形成。吉林省新型城镇化发展的极化现象突出，仅有中部地区长春市、吉林市和松原市的新型城镇化水平高于吉林省新型城镇化平均水平，尤以省会城市长春市新型城镇化水平最高（0.2096），吉林市新型城镇化水平次之（0.1146），这与区域经济发展的长吉双核心地位保持一致，资源再生型城市通化市（0.0616）、资源衰退型城市辽源市（0.0610）和白山市（0.0547）的新型城镇化得分处于后三位，新型城镇化水平较低（见图 3 - 5），主要原因在于转型发展的内生动力不强，历史遗留问题突出，政策体系支持力度不够，创新水平较低，可持续发展压力较大，可持续发展的长效机制尚未形成等，未来这些城市的新型城镇化发展应更加重视资源型城市的转型、接续替代产业体系的构建、战略性新兴产业的培育、基本公共服务体系的完善及绿色可持续发展目标的实现等，明确不同资源型城市的发展方向和重点任务，探索各具特色的新型城镇化发展模式。

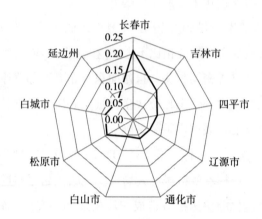

图 3 - 5　2014 年吉林省新型城镇化水平的雷达图

2. 新型城镇化水平的子系统测度

2014 年，吉林省人口城镇化的平均值（0.1425）在 4 个子系统中相对较高，以户籍制度、社会保障和土地制度等为重点的体制机制创新获得积极进展，常住城镇人口的基本医疗保险覆盖率达到 93.8%。人口城镇化空间分异特征与新型城镇化水平的空间分异特征基本一致，中部长春市（0.4378）和吉林市（0.2146）的人口城镇化水平高于平均值，成为区域人口城镇化发展核心，吸引外围地区人口集聚，东部延边州（0.1234）次之，西部内陆地区的白城市（0.0889）和松原市（0.0730）及资源型城市通化市（0.0993）、白山市（0.0656）和辽源市（0.0595）的人口城镇化水平较低。

2014 年，长春市（0.2528）和吉林市（0.1426）的经济城镇化水平明显高于吉林省经济城镇化平均水平 0.0824，经济极化地位尤为突出，吉林省中部城市群规划、长吉一体化等战略政策的实施对其影响显著，借助行政、交通、文化等优势大量引进资金、技术和先进经营理念，成为区域经济发展的柱状峰体；延边州（0.0698）次之，这与其现代服务业、边境特色旅游业和对外贸易产业等的快速发展密切关联；白城市经济城镇化水平（0.0259）最低，经济发展整体上较为滞后，受到区域中心城市的辐射带动明显不足，处于外围边缘。

2014 年，吉林省生态城镇化平均值（0.0642）在 4 个子系统中最低，可见吉林省生态城镇化发展的问题尤为突出，处于 4 个子系统中的"短板"，其中白山市（0.1105）相对较高，优越的自然环境是维持其生态城镇化发展的基础，辽源市（0.1027）次之，资源型城市转型过程中生态环境的恢复治理成效显著，长春市（0.0418）、吉林市（0.0264）、四平市（0.0462）、通化市（0.0323）和延边州（0.0546）的生态城镇化得分低于吉林省平均水平，应将生态文明理念全面融入新型城镇化进程中，尽量避免城镇空间的无序蔓延，保护基本农田。

2014 年，吉林省城乡一体化水平的平均值（0.0815）在 4 个子系统中同样不高，可见吉林省城乡关联度整体不强，城乡统筹面临重大挑战，人地矛盾相对突出，其中松原市（0.1809）最高，白城市（0.1544）和长春市（0.1060）次之，其余 6 个地级市的城乡一体化水平均低于吉林省城乡一体化平均水平，占到全部地域数量的 66.67%，又以辽源市（0.0340）最低。

（三）吉林省 48 个县域新型城镇化水平的测度评价

1. 新型城镇化水平的总体测度

2014 年，吉林省 48 个县域单元新型城镇化平均值 0.1094，其中 9 个市辖区（包括延吉市）的新型城镇化水平整体上较高，新型城镇化得分平均值 0.2509。长春市辖区的新型城镇化水平最高，极化特征十分突出，呈现一枝独秀，新型城镇化得分（0.9213）是第二位吉林市辖区（0.3589）的 2.57 倍，是最低值长白县（0.0386）的 23.87 倍（见表 3 - 8）；长春市外围农安县、榆树市、九台市和德惠市受到长春市辖区辐射带动与涓滴效应的影响，新型城镇化水平相对较高；东部边境县域如临江市、和龙市、龙井市和图们市等的新型城镇化水平处于最低一级，自然地势条件的先天不足、区域战略政策的缺失、基本公共服务和综合交通基础设施的滞后、周边国际形势的日渐复杂等问题制约其新型城镇化水平的提升，边疆近海的地缘区位优势没有得到充分发挥等。

表 3－8　2014 年吉林省 48 个县域新型城镇化水平得分

排序	名称	得分	排序	名称	得分	排序	名称	得分
1	长春市辖区	0.9213	17	长岭县	0.0989	33	抚松县	0.0682
2	吉林市辖区	0.3589	18	德惠市	0.0982	34	辉南县	0.0651
3	四平市辖区	0.1660	19	梅河口市	0.0975	35	柳河县	0.0644
4	松原市辖区	0.1624	20	乾安县	0.0966	36	汪清县	0.0641
5	通化市辖区	0.1523	21	敦化市	0.0941	37	东辽县	0.0618
6	白城市辖区	0.1332	22	桦甸市	0.0931	38	通化县	0.0575
7	前郭县	0.1308	23	镇赉县	0.0877	39	永吉县	0.0566
8	延吉市	0.1238	24	洮南市	0.0821	40	伊通县	0.0563
9	公主岭市	0.1233	25	舒兰市	0.0791	41	临江市	0.0554
10	辽源市辖区	0.1216	26	双辽市	0.0787	42	集安市	0.0524
11	白山市辖区	0.1191	27	磐石市	0.0773	43	安图县	0.0520
12	农安县	0.1101	28	东丰县	0.0747	44	和龙市	0.0487
13	榆树市	0.1043	29	珲春市	0.0741	45	靖宇县	0.0449
14	扶余市	0.1005	30	蛟河市	0.0728	46	龙井市	0.0442
15	通榆县	0.1005	31	梨树县	0.0713	47	图们市	0.0438
16	九台市	0.1004	32	大安市	0.0712	48	长白县	0.0386

2. 新型城镇化水平的类型划分

运用 SPSS 18.0 对吉林省 48 个县域新型城镇化得分进行聚类分析，聚类方法选用离差平方和法，距离采用欧氏距离，计算过程如表 3－9、图 3－6 和图 3－7 所示。

表 3－9　Ward 法聚类表

阶	集群组合		系数	首次出现阶集群		下一阶
	集群 1	集群 2		集群 1	集群 2	
1	14	15	0.000	0	0	3
2	31	32	0.000	0	0	25
3	14	16	0.001	1	0	29

续表

阶	集群组合		系数	首次出现阶集群		下一阶
	集群1	集群2		集群1	集群2	
4	39	40	0.002	0	0	16
5	35	36	0.003	0	0	13
6	25	26	0.005	0	0	20
7	42	43	0.006	0	0	26
8	46	47	0.008	0	0	14
9	8	9	0.010	0	0	22
10	28	29	0.012	0	0	19
11	18	19	0.015	0	0	15
12	21	22	0.019	0	0	30
13	34	35	0.023	0	5	24
14	45	46	0.027	0	8	32
15	17	18	0.031	0	11	18
16	39	41	0.036	4	0	17
17	38	39	0.043	0	16	34
18	17	20	0.050	15	0	33
19	28	30	0.058	10	0	31
20	25	27	0.065	6	0	28
21	6	7	0.075	0	0	37
22	8	10	0.084	9	0	27
23	3	4	0.098	0	0	35
24	34	37	0.112	13	0	40
25	31	33	0.128	2	0	31
26	42	44	0.145	7	0	34
27	8	11	0.164	22	0	37
28	24	25	0.184	0	20	38
29	13	14	0.206	0	3	33
30	21	23	0.235	12	0	39
31	28	31	0.264	19	25	38
32	45	48	0.295	14	0	41
33	13	17	0.333	29	18	36

续表

阶	集群组合		系数	首次出现阶集群		下一阶
	集群1	集群2		集群1	集群2	
34	38	42	0.388	17	26	40
35	3	5	0.444	23	0	42
36	12	13	0.508	0	33	39
37	6	8	0.595	21	27	42
38	24	28	0.690	28	31	43
39	12	21	0.789	36	30	44
40	34	38	0.936	24	34	41
41	34	45	1.175	40	32	43
42	3	6	1.624	35	37	44
43	24	34	2.286	38	41	46
44	4	12	3.325	42	39	45
45	2	3	5.029	0	44	46
46	2	24	8.196	45	43	47
47	1	2	14.279	0	46	0

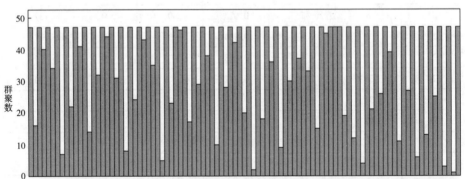

图 3-6 群聚数

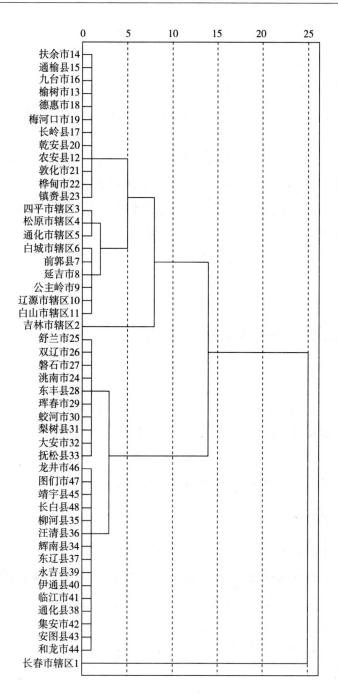

图 3 - 7 Ward 法聚类树状图

由此可知，吉林省新型城镇化水平分为四个级别，即：

新型城镇化高水平：长春市辖区；

新型城镇化较高水平：吉林市辖区；

新型城镇化中等水平：四平市辖区、松原市辖区、通化市辖区、白城市辖区、前郭县、延吉市、公主岭市、辽源市辖区和白山市辖区；

新型城镇化低水平：扶余市、通榆县、九台市、农安县、榆树市、长岭县、德惠市、梅河口市、乾安县、敦化市、桦甸市、镇赉县、洮南市、舒兰市、双辽市、磐石市、东丰县、珲春市、蛟河市、梨树县、大安市、抚松县、辉南县、柳河县、汪清县、东辽县、通化县、永吉县、伊通县、临江市、集安市、安图县、和龙市、靖宇县、龙井市、图们市和长白县。

第三节　吉林省新型城镇化水平的空间演变

以吉林省48个县域（含市辖区、县、县级市）为研究区域，以新型城镇化水平为测度指标，以1995年、2003年和2014年为时间断面，利用趋势面分析、空间自相关指数、平均增长指数和空间变差函数探讨吉林省新型城镇化格局的空间演变特征，描述发展演化规律和总体走向[217]。

一、研究方法

（一）趋势面分析

趋势面分析作为近似插值法，以空间变量为研究对象，利用数学曲面模拟各地理要素的空间分布及其变化趋势。实质上，通过回归分析，借助最小二乘法拟合二维非线性函数，展示各地理要素在空间上的变化趋势，模拟各地理要素的空间分布规律，利用趋势面分析可以从数据中提出一些宏观特征，而后进行空间插值。

（二）空间自相关指数

空间自相关作为一种探索性空间数据分析的重要描述性指数，用以检验区域单元上某种地理现象或某一要素属性值与邻近区域同一地理现象或要素属性值的相关联程度,主要包括全局空间自相关和局部空间自相关[218,219]。引入常用测度指标 Global Moran's I、Getis – Ord General G 和 Getis – Ord G_i^*,前两者表征全局空间自相关,用于计算吉林省新型城镇化格局的总体空间自相关程度,后者表征局部空间自相关,用于识别新型城镇化热点区与冷点区的空间分布。

1. Global Moran's I

Moran 于 1950 年首先提出空间自相关的度量方法,可用于判断要素属性分布是否有统计上的集聚或离散现象。

$$I = \frac{\sum_{i=1}^{n} \sum_{j=1}^{n} (X_i - \overline{X})(X_j - \overline{X})}{S^2 \sum_{i=1}^{n} \sum_{j=1}^{n} W_{ij}}$$

式中,通常情况下,$I > 0$ 表示新型城镇化水平相似地区空间集聚,$I < 0$ 表示与周边地区新型城镇化水平趋异,$I = 0$ 表示区域相互独立且随机分布,W_{ij} 为空间邻接权重矩阵,相邻为 1,不相邻为 0,X_i、X_j 分别为 i、j 的观测值,$\overline{X}$ 为平均值,S^2 为样本方差。采用 Z 值法进行检验:

$$Z(I) = \frac{I - E(I)}{\sqrt{Var(I)}}$$

式中,$E(I) = 1/(1 - n)$,表示数学期望,$Var(I)$ 为变异系数。

2. Getis – Ord General G

$$G(d) = \frac{\sum_{i=1}^{n} \sum_{j=1}^{n} W_{ij}(d) X_i - X_j}{\sum_{i=1}^{n} \sum_{j=1}^{n} X_i X_j}$$

式中,d 为空间单元临界距离,$W_{ij}(d)$ 为空间邻接权重矩阵,定义同上,X_i、X_j 为观测值,n 为研究对象总数。

当空间不集聚时,G 的期望值:$E(G) = \dfrac{\sum_{i=1}^{n} \sum_{j=1}^{n} W_{ij}(d)}{n(n-1)}$

当正态分布时，G 的检验值：$Z(G) = \dfrac{G - E(G)}{\sqrt{Var(G)}}$

3. Getis – Ord G_i^*

$$G_i^*(d) = \dfrac{\sum\limits_{j=1}^{n} W_{ij}(d) X_j}{\sum\limits_{j=1}^{n} X_j}$$

式中，$W_{ij}(d)$ 为空间邻接权重矩阵，定义同上，X_j 为观测值，n 为研究对象总数。为了便于解释比较，对 G_i^* 进行标准化：$Z(G_i^*) = \dfrac{G_i^* - E(G_i^*)}{\sqrt{Var(G_i^*)}}$

式中，$Z(G_i^*) > 0$ 且显著，i 属于热点区，$Z(G_i^*) < 0$ 且显著，i 属于冷点区。

（三）平均增长指数

引入平均增长指数表征新型城镇化发展快慢，将吉林省 48 个县域新型城镇化水平的年均增长速度进行标准化处理，使不同时期具有可比性[220]。

$$S = \dfrac{U_{t_2} - U_{t_1}}{U_{t_1}(t_2 - t_1)} \times 100$$

式中，U_{t_1}、U_{t_2} 分别为 t_1、t_2 年份的新型城镇化水平。

（四）空间变差函数

空间变差函数即半方差函数或半变异函数，是描述区域化变量结构性与随机性的特有基本手段，从数学上严格分析区域化变量，是空间变异规律与结构分析的有效工具，能很好表达地理变量的空间异质性和相关性[221-223]。

$$r(h) = \dfrac{1}{2N(h)} \sum_{i=1}^{N(h)} \left[Z(x_i) - Z(x_i + h) \right]^2$$

式中，$Z(x_i)$ 和 $Z(x_i + h)$ 分别为 $Z(x)$ 在 x_i、$x_i + h$ 的观测值，$N(h)$ 为分离距离 h 的样本量。空间变差函数一般用方差图表示（见图 3 - 8），反映变量空间分布结构或空间相关类型，变差函数 $r(h)$ 随 h 的增大而增大，$h = 0$ 时，$r(h) = C_0$（块金值），当增大至平衡状态即 $r(h) = C + C_0$（基台值）时，空间相关的最大间距为 a（变程），$r(h)$ 呈水平直线状，表明大于该距离的区域化变量不

存在空间相关性；a 不受样方大小影响，$|h| \leqslant a$ 且 $a > 0$ 时，表示存在空间相关性，$h > a$ 时，空间相关性消失；C_0 越大变化幅度越大，趋向 0 为连续变化，块金系数 $C_0/(C + C_0)$ 反映该变化度。分维数 D 表示空间变差函数曲率，用于比较不同变量的空间自相关强度，越接近 2，空间分布越均衡[224]，计算公式为：

$$2r(h) = h(4 - 2D)$$

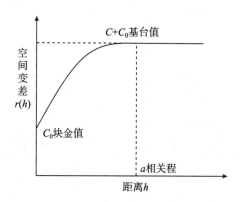

图 3 - 8　理论方差图

资料来源：马荣华，蒲英霞，马晓冬. GIS 空间关联模式发现［M］. 北京：科学出版社，2007.

二、新型城镇化空间演变的总体特征与热点分析

（一）新型城镇化水平的趋势面分析

运用 ArcGIS 地统计分析方法，对 1995 年、2003 年和 2014 年吉林省新型城镇化水平进行空间趋势面分析。如图 3 - 9 所示，1995 年以来吉林省新型城镇化水平的趋势面分布并无明显变动，整体表现"中高周低"的分布趋势，而且趋势面相对平缓，说明南北向和东西向并没有呈现强烈的分异现象。

（二）新型城镇化水平的空间自相关程度

运用公式 GlobalMoran's I、Getis - Ord General G，借助 GeoDA 软件计算 1995 年、2003 年和 2014 年吉林省新型城镇化水平的 Global Moran's I 和 General G。表 3 – 10 测度结果显示：3 个年份的 Moran's I 估计值均为负值且逐年增大，说明 1995 年以来吉林省相邻空间单元新型城镇化水平的相关性较低，高值和低值的集聚度较差，呈现离散分布，但负相关性开始减弱，空间依赖性增强；3 个年份的 $G(d)$ 波动不大，说明吉林省新型城镇化发展的"热点区"在空间上总体变化幅度较小，其 $G(d)$ 均为正值且高于 $E(d)$，说明新型城镇化发展仅集中在几个热点区域，其中 1995 年的 $G(d)$ 最低，说明高值集聚现象不明显，2014 年 $G(d)$ 与 $E(d)$ 相差最大，说明吉林省新型城镇化发展的空间集聚态势增强。

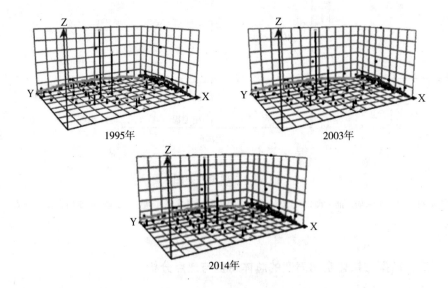

图 3 – 9　吉林省新型城镇化发展的空间趋势面分析

表 3 – 10　吉林省新型城镇化水平的 Moran's I 和 General G

年份	Moran's I	$E(I)$	$Z(I)$	$G(d)$	$E(d)$	$Z(d)$
1995	− 0.0418	− 0.0213	− 0.2814	0.0960	0.0931	0.1794
2003	− 0.0228	− 0.0213	− 0.0231	0.1029	0.0931	0.7148
2014	− 0.0022	− 0.0213	0.4196	0.1083	0.0931	1.2374

（三）新型城镇化发展的热点区演化特征

运用公式 Getis – Ord G_i^*，计算 1995 年、2003 年和 2014 年吉林省新型城镇化水平的 G_i^*，利用 ArcGIS 将其空间可视化，依据最佳自然断裂点由高到低分成 4 类。

第一，新型城镇化热点区的整体空间格局存在明显的差异性。3 个年份中，吉林省中部城市群尤其是长吉地区均出现热点圈层结构特征，长春市辖区、农安县、公主岭市、德惠市、九台市、伊通满族自治县、吉林市辖区、永吉县、磐石市、蛟河市和松原市辖区始终是最具活力的热点或次热点，吉林省东西两端和东南部地区为冷点或次冷点的低值簇。

第二，新型城镇化不同类型区所占比重相对稳定。热点区比重基本维持在 16.67% ~ 18.75% 的范围内，吉林市辖区由 1995 年的热点区成为 2003 年和 2014 年的次热点区；冷点区数量不断增加，3 年比重依次为 37.50%、37.50% 和 47.92%，其中 1995 年冷点区呈现零星分布，2003 年和 2014 年全部东移，集中于延边州、辽源市、白山市和通化市的部分县市。

第三，未发生变化的热点区多集中在长吉地区，包括除榆树市外的长春市市域、吉林市的永吉县和磐石市及四平市的公主岭市和伊通满族自治县；未发生变化的冷点区集中在吉林省东部地区，包括辽源市与白山市市域、通化市的辉南县和梅河口市及延边州的敦化市、珲春市与和龙市，新型城镇化发展日趋缓慢，处于不利地位。

（四）新型城镇化增长的热点区演化特征

运用公式 Getis – Ord G_i^* 和平均增长指数，利用 ArcGIS 10.0 软件分析 1995 ~ 2003 年、2003 ~ 2014 年新型城镇化增长的热点区演化特征。

第一，2 个时段的 Moran's I 估计值均为正值，其正态统计量 Z 值均大于 0.05 置信水平的临界值 1.96，通过显著性检验且效果显著，说明吉林省新型城镇化水平的增长具有较强的空间集聚和稳定性特征，空间自相关性比较明显，这与 1995 年、2003 年和 2014 年新型城镇化水平的空间离散特征存在差异，但 2 个时段的 Moran's I 由 0.8538 降至 0.7239，说明吉林省新型城镇化增长的高值和低值集聚的程度增加，空间自相关不明显，总体空间差异有增高趋势。

第二，从热点区与冷点区的演化进程看，吉林省新型城镇化增长的空间跃迁幅度不大，高增长率在不同县域间转化速度较慢。1995～2003 年，热点区集中在西部，包括大安市、通榆县、乾安县和前郭尔罗斯蒙古族自治县，次热点区比重最高（43.75%），冷点区集中分布在东部延边州；2003～2014 年，热点区呈现"双核"分布，集中于西部和东南，与前一时段相比，新增农安县、长岭县、辽源市域、辉南县、柳河县、梅河口市和靖宇县，所占比重增至27.08%，冷点区数量由 7 个减至 5 个，其中延边州原有的冷点区如汪清县、珲春市、图们市、和龙市进入次冷点区，四平市辖区和梨树县成为新型城镇化增长的冷点区。

三、新型城镇化空间演变的空间变差分析

将 48 个县域单元新型城镇化水平作为空间变量的几何中心点，设定 300 千米的采样步长，计算变差函数，然后拟合样点数据并选择拟合度最高、效果最好的模型，计算分维数，进行 Kriging 插值，得到拟合参数、分维数和演化图。

第一，既定步长下，变程由 29447.71 减至 38100，说明吉林省新型城镇化发展空间关联效应的辐射范围不断减小，大城市辐射涓滴作用开始减弱；块金值、基台值和块金系数均呈下降态势，其中 2014 年的块金值相对于 1995 年减少约 10.53 倍，说明在吉林省新型城镇化格局演化过程中，由随机成分引起的空间差异逐渐减小；利用最小二乘法选择的空间变差拟合模型在 1995 年和2003 年为线性模型，2014 年为球体模型，说明吉林省新型城镇化发展在不同时期表现出不同的结构特征；决定系数整体上较低，其值先减小后增加，1995年、2003 年和 2014 年分别为 0.140、0.093 和 0.230，说明东北振兴战略实施前吉林省新型城镇化发展的随机性较强，结构分布不明显，东北振兴战略实施后吉林省新型城镇化发展的空间自组织性开始增强，如表 3-11 所示。

第二，全方向分维数 D 不断提高，由 1995 年的 1.943 增至 2014 年的1.949，逐渐接近均值分布理想值 2，拟合决定系数由 1995 年的 0.172 降至2014 年的 0.076，说明吉林省全方向上新型城镇化发展的均质度在 2014 年达

到最高，而由空间自相关引起的结构化分异在1995年最明显；其他4个方向中，南—北向呈上下波动，2014年分维数为1.999，差异最小，相对均衡；东北—西南向分维数逐年增加，新型城镇化发展的差异开始减小；东—西向和东南—西北向分维数下降明显，分别由1995年的1.995和1.607降至2014年的1.932和1.457，说明新型城镇化差异加速扩大，均质度出现不同程度的下滑，如表3-12所示。

表3-11 吉林省新型城镇化格局变差函数的拟合参数

年份	变程	块金值	基台值	块金系数	拟合模型	决定系数
1995	294470.71	0.4118	0.4118	1.0000	线性模型	0.140
2003	294470.71	0.3527	0.3527	1.0000	线性模型	0.093
2014	38100.00	0.0391	0.2922	0.1338	球体模型	0.230

表3-12 吉林省新型城镇化格局变差函数的分维数

年份	全方向		南—北向		东北—西南向		东—西向		东南—西北向	
	D	R^2	D	R^2	D	R^2	D	R^2	D	R^2
1995	1.943	0.172	1.862	0.096	1.848	0.077	1.995	0.001	1.607	0.500
2003	1.947	0.119	1.850	0.117	1.851	0.067	1.976	0.013	1.529	0.548
2014	1.949	0.076	1.999	0.001	1.932	0.013	1.932	0.062	1.457	0.558

第三，吉林省新型城镇化格局演化存在规律性和延续性，形态分布具有内在联系和结构特征。新型城镇化的空间分异层次性特征明显，以中部长吉地区为中心，向周边多峰值倾斜，近邻日本海的东部地区始终处于"低谷"，西部地区波动最为明显。1995年，峰值高点集中在长吉和吉林省北侧，包括长春市辖区、吉林市辖区、永吉县、扶余市、农安县、德惠市、舒兰市和榆树市等，东部延边州、白山市和通化市相对滞后（见图3-10a）；2003年，基本维持原有格局，西部的松原市辖区、大安市、乾安县、前郭尔罗斯蒙古族自治县、长岭县等发展迅速，成为峰值高点的新增聚集区，东部虽有所发展，但仍

比较落后（见图 3 - 10b）；2014 年，长春市辖区和吉林市辖区成为新型城镇化发展的两大"柱状峰体"，其他县域的新型城镇化水平相对较低且均衡，如图 3 - 10c 所示。

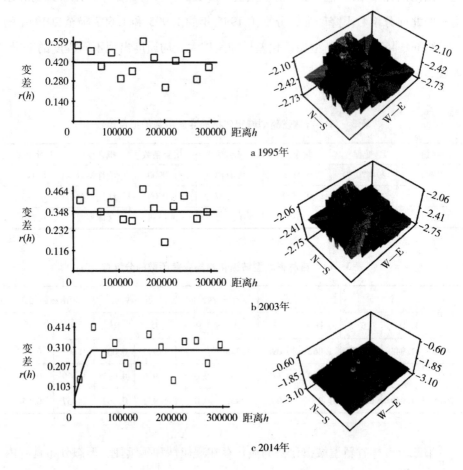

a 1995年

b 2003年

c 2014年

左为同向方差拟合图、右为异向 Kriging 3D 图

图 3 - 10   吉林省新型城镇化格局变差函数的演化

第四章　吉林省新型城镇化发展的基本特征

地级市作为中国省域经济发展的重要行政单元和主要组成，是城镇化发展的主战场，选择地级以上城市作为研究样本，能够更好地反映二元社会经济结构下区域新型城镇化的主要特征和差异，也更加具有现实意义和代表性[225]。因此，本书以吉林省 9 个地级市为研究对象，以 2003 年和 2014 年为时间断面，从新型城镇化效率测度、土地城镇化与人口城镇化水平比较、基本公共服务水平时空分异、四化发展水平及其协调性测度、城市综合承载力水平五个方面阐述 2003 年老工业基地振兴战略实施以来吉林省新型城镇化发展的基本特征。

第一节　新型城镇化效率尚没有达到理想状态

一、指标体系的构建

投入—产出指标体系的确定是新型城镇化效率测算的前提。参照已有研究[226－228]，在效率投入上，分别从劳动力、土地、资本三方面选择指标，其中非农业人口数（X_1，万人）和城镇从业人员期末人数（X_2，万人）表示劳动力投入，城市建成区面积（X_3，平方千米）表示土地投入，全社会固定资产投资总额（X_4，万元）、地方财政一般预算内支出（X_5，万元）和实际利用外商直接投资（X_6，万美元）表示资本投入；在效率产出上，分别从经济效益、社会效益和生态效益三方面选择指标，其中第二、三产业产值（Y_1，万元）表示经济效益，城镇化率（Y_2，%）表示社会效益，建成区绿化覆盖率（Y_3，%）、工业废水排放量（Y_4，万吨）、工业二氧化硫排放量（Y_5，吨）和工业烟尘排放量（Y_6，吨）表示生态效益。

为充分反映评价目的和内容，考虑决策单元的"同类型"特征，在保证决策单元个数不少于投入产出指标总数两倍的同时，避免指标内部的强线性关系，借助因子分析法，通过较少变量使新型城镇化效率值更能说明实际问题，选取特征值大于1的新变量（2003年选取1个投入变量 X_i 和2个产出变量 Y_i，2014年选取1个投入变量 X_i 和3个产出变量 Y_i）作为新的公共因子，运用方差最大法进行旋转，并对新变量因子得分进行极差变化标准化，以消除负值[229]，公式为：

$$\begin{cases} X'_i = 0.1 + \dfrac{X_i - X_{i-\min}}{X_{i-\max} - X_{i-\min}} \times 0.9 \\ Y'_i = 0.1 + \dfrac{Y_i - Y_{i-\min}}{Y_{i-\max} - Y_{i-\min}} \times 0.9 \end{cases}$$

式中，X'_i、Y'_i 为标准化数值，$X_{i-\max}$、$Y_{i-\max}$ 为第 i 项新因子的最大值，$X_{i-\min}$、$Y_{i-\min}$ 为第 i 项新因子的最小值。

二、数据包络分析模型

数据包络分析（Data Envelopment Analysis，DEA），是评价同类型多投入产出决策单元相对有效性的典型方法，由美国著名运筹学家 Charnes 等最早提出，即 C^2R 模型，用以评价决策单元是否同时达到规模有效和技术有效，测度规模报酬不变条件下的综合效率。此后，Banker 等发展出规模报酬可变的 BC^2 模型，用以评价决策单元的技术有效性，另外，每个模型还可以分为投入不变条件下产出最大化的产出主导模型和产出不变条件下投入最小化的投入主导模型[230,231]。引入投入最小且产出最大的虚拟最优决策单元，修正传统 DEA 模型的不合理之处，通过考察各测度单元与最优决策单元之间的距离来判别相对效率的高低，其中 $DMU_{j+1} = \{\min\ (x_{j1},\ x_{j2},\ \cdots,\ x_{jm}),\ \max\ (y_{j1},\ y_{j2},\ \cdots,\ y_{js})\}$，效率值 $\theta_j = 1$ 是唯一有效的 DMU 单元。假设 n 个决策单元 DMU 均有 m 种投入指标和 s 种产出指标，分别用投入量 x_{jm}（$x_{jm} > 0$）和产出量 y_{js}（$y_{js} > 0$）表示，采用基于投入导向生产规模报酬可变的 VRS 模型，模型结构为[229]：

$$\begin{cases} \max\theta_j = 1 \\ s.\,t.\ \displaystyle\sum_{j=1}^{n+1} x_j\lambda_j \leqslant \lambda_j \\ \displaystyle\sum_{j=1}^{n+1} y_j\lambda_j \geqslant y_j\theta_j \\ \displaystyle\sum \lambda_j \leqslant 1, \lambda_j \geqslant 0, j = 1,2,\cdots\cdots,n+1 \end{cases}$$

式中，λ_j 为各决策单元投入产出的权向量，θ 为综合效率，分解为纯技术效率与规模效率的乘积。

三、结果分析

运用上述公式，借助 DEAP 2.1 软件，计算 2003 年和 2014 年吉林省新型城镇化发展的综合效率、纯技术效率和规模效率（见表 4 – 1）。由测度结果能够看出：

（一）2003 年吉林省新型城镇化效率测度

（1）综合效率整体一般，未达到理想状态，55.56% 的城市没有超过综合效率平均值 0.667，仅有白山市和松原市为 DEA 有效，其余 7 个城市均为非 DEA 有效，延边州、长春市和白城市的综合效率较低，分别为 0.483、0.363 和 0.304，说明在给定城镇化资金和资源等的投入条件下，仅有少数城市实现产出最大化，多数城市的实际产出与最佳前沿面之间仍存在一定距离。

（2）纯技术效率有效的城市数为 6 个，明显高于综合效率有效城市数，说明 66.67% 的城市处于纯技术效率前沿，仅有通化市、白城市和延边州的纯技术效率未达到有效，且低于纯技术效率平均水平 0.876，纯技术效率的提升空间较大，应进一步优化要素搭配，完善要素的投入结构。

（3）规模效率有效的城市数为2个，与综合效率有效城市完全一致，且呈规模报酬不变状态，说明这2个城市已达规模最优，对城镇化资源和资金的有效利用率较高，虽然长春市等7个城市的纯技术效率达到有效，但因规模效率未达到有效而使得各自的综合效率同样未能达到有效，因此规模效率有效成为影响综合效率提升的主要因素，9个城市的城镇化规模效率存在空间差异，标准差为0.246。其中，长春市的规模效率最低，仅有辽源市、通化市和白城市处于规模报酬递增阶段，说明城镇化规模比较小，发展尚不成熟，应适当加大投入力度并扩大规模，长春市、吉林市、四平市和延边州处于规模报酬递减阶段，说明城镇化资源尚未得到充分利用，存在不同程度的浪费和低效问题，规模效率不是特别理想。

（二）2014年吉林省新型城镇化效率测度

与2003年相比，除白山市和松原市以外，吉林省辽源市和通化市成为新增DEA有效城市，长春市综合效率最低（0.399），仍有55.56%城市的综合效率低于平均值0.818，产出最大化尚未全面实现；除延边州（0.739）以外，其余均达到纯技术效率有效，多数城市处于纯技术效率前沿，纯技术效率标准差为0.087（见表4－1），说明各城市之间的纯技术效率总体差别不大；资源型城市辽源市、通化市、白山市和松原市已达规模最优且处于规模报酬不变状态，资源型城市的转型对其影响显著，资金和资源的利用率提高，仅有白城市尚处于规模报酬递增阶段，城镇化规模较小，这与其较为滞后的经济发展水平一致。

表4－1　吉林省新型城镇化效率评价结果

城市	2003 年				2014 年			
	CE	PTE	SE	R－S	CE	PTE	SE	R－S
长春市	0.363	1.000	0.363	递减	0.399	1.000	0.399	递减
吉林市	0.508	1.000	0.508	递减	0.623	1.000	0.623	递减
四平市	0.870	1.000	0.870	递减	0.902	1.000	0.902	递减

城市	2003 年				2014 年			
	CE	PTE	SE	R－S	CE	PTE	SE	R－S
辽源市	0.827	1.000	0.827	递增	1.000	1.000	1.000	不变
通化市	0.646	0.689	0.938	递增	1.000	1.000	1.000	不变
白山市	1.000	1.000	1.000	不变	1.000	1.000	1.000	不变
松原市	1.000	1.000	1.000	不变	1.000	1.000	1.000	不变
白城市	0.304	0.646	0.471	递增	0.726	1.000	0.726	递增
延边州	0.483	0.546	0.884	递减	0.709	0.739	0.960	递减
平均值	0.667	0.876	0.762	—	0.818	0.971	0.846	—
标准差	0.267	0.190	0.246	—	0.216	0.087	0.216	—

注：CE 表示综合效率（comprehensive efficiency），PTE 表示纯技术效率（pure technical efficiency），SE 表示规模效率（scale efficiency），R－S 表示规模报酬（scale benefit）。

第二节　土地城镇化水平始终高于人口城镇化

一、指标体系的构建

人口城镇化与土地城镇化是城镇化发展过程中的两个重要表征，两者在速度、规模、质量、结构、效益等方面具有密切联系，其协调互动关系到城镇空间布局与粮食安全，是新型城镇化发展的重点所在。改革开放以来，人口的"半城镇化"和过快的土地城镇化成为我国快速城镇化进程中的非规整表现，由此引发人口城镇化和土地城镇化的不匹配[232]。根据《关于吉林省城镇化建设应与"三农"绑定发展的建议（49 号）》，2008 年以来，吉林省新增城镇建设用地面积 400 平方米，大致相当于长春市城区规模，其中 2012 年人均城镇建设用地及工矿用地 164 平方米，人均农村建设用地 452 平方米，分别高于全国 142 平方米和 220 平方米的平均水平，而新增转移到城镇的农村人口仅为 26

万人，大致相当于农安县县城的人口规模，可见土地城镇化与人口城镇化的不匹配问题突出，因此，有必要系统分析吉林省土地城镇化与人口城镇化的相互增长关系，探寻两者时空演化规律。

综合已有研究成果[233-235]，建立吉林省土地城镇化与人口城镇化评价指标体系（见表4-2），运用熵值法分别计算土地城镇化和人口城镇化水平得分，运用脱钩模型探寻人口城镇化与土地城镇化的时空异质性特征。

表4-2　吉林省土地城镇化与人口城镇化评价指标体系

目标层	准则层	指标层
土地城镇化与人口城镇化评价指标体系	土地城镇化（LUR）	地均财政收入（X_1）、地均固定资产投资（X_2）、地均第二三产业产值（X_3）、城市建成区面积（X_4）、地均单位从业人员数（X_5）
	人口城镇化（PUR）	非农业人口数（X_6）、非农业人口比重（X_7）、万人普通高等学校学生数（X_8）、城镇基本养老保险参保人数（X_9）、万人拥有床位数（X_{10}）、移动电话用户数（X_{11}）、互联网宽带接入用户数（X_{12}）和年末单位从业人员数（X_{13}）

二、脱钩模型

引入脱钩模型[236]探寻吉林省土地城镇化与人口城镇化的关系，模型结构为：

$$EC_T = \frac{\Delta LUR_T}{\Delta PUR_T} = \frac{\dfrac{LUR_{TE}}{LUR_{TS}} - 1}{\dfrac{PUR_{TE}}{PUR_{TS}} - 1}$$

式中，EC_T 为 T 时期的脱钩程度，根据 Tapio 的研究[237]，将其划分为八种脱钩状态（见表4-3）；ΔPUR_T、ΔLUR_T 分别为 T 时期人口城镇化和土地城镇化指数变化率，PUR_{TS}、PUR_{TE} 分别为 T 时期始年和末年人口城镇化指数，LUR_{TS}、LUR_{TE} 分别为 T 时期始年和末年土地城镇化指数。

表 4 - 3　土地城镇化与人口城镇化脱钩程度的判定标准

脱钩程度	负脱钩			弱脱钩			连结	
	扩张负脱钩	强负脱钩	弱负脱钩	弱脱钩	强脱钩	衰退脱钩	增长连结	衰退连结
ΔLUR_T	正值	正值	负值	正值	负值	负值	正值	负值
ΔPUR_T	负值	负值	负值	正值	正值	负值	正值	负值
EC_T	$(1.2, +\infty)$	$EC_T < 0$	$(0, 0.8)$	$(0, 0.8)$	$EC_T < 0$	$(1.2, +\infty)$	$(0.8, 1.2)$	$(0.8, 1.2)$

三、结果分析

（一）吉林省土地城镇化与人口城镇化水平比较

2003 年，吉林省土地城镇化水平整体高于人口城镇化水平，两者差异不大，平均值分别为 0.3308 和 0.3128。具体而言，长春市、吉林市、辽源市和松原市的土地城镇化水平高于人口城镇化水平，其土地城镇化得分比人口城镇化得分分别高出 0.1522、0.2872、0.2890 和 0.0532，四平市、通化市、白山市、白城市和延边州的土地城镇化水平低于人口城镇化水平，其人口城镇化得分比土地城镇化得分分别高出 0.1323、0.0092、0.0069、0.0809 和 0.3860。

2014 年，吉林省土地城镇化和人口城镇化水平均呈下降态势，两者得分分别为 0.2998、0.1425，人口城镇化降幅相对明显。土地城镇化与人口城镇化平均值相差 0.1573，明显高于 2003 年的差值 0.0180，表明吉林省土地城镇化水平愈发大于人口城镇化水平。其中，长春市土地城镇化与人口城镇化的差值最大（0.5632），中心城市依靠优越的自然地理条件、区域战略政策、科技人才优势和交通区位条件集聚大量生产生活物质要素，城市向外围地区"摊大饼式"盲目扩张，但土地利用效率不高，而企业职工及离退休职工数量众多，多数从事第一产业且生活和生产方式与城市标准相差甚远的人口被纳入城镇人口，基本公共服务与社会福利待遇不能满足城乡居民及进城农民工的实际需要，社会保障能力不足，人口城镇化尚未真正实现；资源衰退型城市辽源市次之，土地城镇化与人口城镇化的差值为 0.4099，棚户区改造、失业矿工再就业、废弃矿坑和沉陷区的综合治理等民生问题的解决和人口城镇化水平的提升应当成为今后工作的重点；仅有白城市和延边州的土地城镇化水平低于人口城镇化水平，但两者较为滞后，今后应着力推进其土地城镇化与人口城镇化水平的协同提升。

（二）吉林省土地城镇化与人口城镇化水平脱钩分析

运用脱钩模型，计算土地城镇化与人口城镇化的脱钩程度，考虑到两者存在空间滞后关系，因此以 T（2003~2014）为时间尺度进行分析（见表4-4）。2003年以来，吉林省土地城镇化与人口城镇化以不理想的强负脱钩和弱负脱钩为主，其中，长春市、四平市、辽源市和通化市呈现强负脱钩，土地城镇化水平不断提升，而人口城镇化水平逐渐下降，白山市、松原市、白城市和延边州呈现弱负脱钩，土地城镇化与人口城镇化水平均呈下降态势，且土地城镇化降幅明显快于人口城镇化；吉林市土地城镇化与人口城镇化呈现更为理想的衰退连结状态。

表4-4　土地城镇化与人口城镇化的脱钩程度

脱钩指标	长春	吉林	四平	辽源	通化	白山	松原	白城	延边
ΔLUR_T	0.0007	-0.4703	0.2432	0.1828	0.1267	-0.1270	-0.2809	-0.3863	-0.1614
ΔPUR_T	-0.4837	-0.4007	-0.6371	-0.4482	-0.5736	-0.4939	-0.4554	-0.5308	-0.7415
EC_T	-0.0015	1.1737	-0.3817	-0.4080	-0.2209	0.2571	0.6169	0.7278	0.2176
脱钩程度	强负脱钩	衰退连结	强负脱钩	强负脱钩	强负脱钩	弱负脱钩	弱负脱钩	弱负脱钩	弱负脱钩

第三节　基本公共服务水平递增但失衡性突出

一、指标体系的构建

基本公共服务作为新型城镇化全面发展和公平正义的基本社会条件，是人口城镇化的关键突破点和稳定剂[236,238]。根据基本公共服务的深刻内涵和已有研究，在科学性、完备性与可操作性原则基础上，从基本教育服务、医疗卫生服务、社会保障服务、文化体育服务和市政设施服务 5 个维度衡量吉林省基本公共服务水平，最终建立的基本公共服务水平评价指标体系，如表 4-5 所示。

为了便于计算基本公共服务水平，现将上述指标分别按照均等权重进行处理：

$$BPS = \frac{1}{k}\sum_{i=1}^{k} BPS'_i \quad BES = \frac{1}{k}\sum_{i=1}^{k} BES'_i$$

$$MHS = \frac{1}{k}\sum_{i=1}^{k} MHS'_i \quad SSS = \frac{1}{k}\sum_{i=1}^{k} SSS'_i$$

$$CSS = \frac{1}{k}\sum_{i=1}^{k} CSS'_i \quad MFS = \frac{1}{k}\sum_{i=1}^{k} MFS'_i$$

式中，BPS、BES、MHS、SSS、CSS、MFS 分别表示基本公共服务、基本教育服务、医疗卫生服务、社会保障服务、文化体育服务和市政设施服务，BPS'_i、BES'_i、MHS'_i、SSS'_i、CSS'_i、MFS'_i 为对应的标准化值，这里采用极值标准化，k 为指标个数。

表 4-5　基本公共服务水平评价指标体系

目标层	准则层	指标层	单位
基本公共服务水平评价指标体系（BPS）	基本教育服务（BES）	万人普通高校学生数（X_1）	人
		万人普通高校教师数（X_2）	人
		科教支出占财政支出比重（X_3）	%
		人均科教支出（X_4）	元/人
	医疗卫生服务（BPS）	万人医卫床位数（X_5）	张
		万人医卫人员数（X_6）	人
		医卫支出占财政支出比重（X_7）	%
		人均医疗支出（X_8）	元/人
	社会保障服务（SSS）	万人城镇基本养老保险参保人数（X_9）	人
		万人城镇基本医疗保险参保人数（X_{10}）	人
		万人失业保险参保人数（X_{11}）	人
		城镇居民最低生活保障人数（X_{12}）	人

续表

目标层	准则层	指标层	单位
基本公共服务水平评价指标体系（BPS）	文化体育服务（CSS）	剧场和影剧院数（X_{13}）	个
		公共图书馆图书总藏量（X_{14}）	千册
		体育场馆数（X_{15}）	个
	市政设施服务（MFS）	人均道路面积（X_{16}）	平方米
		自来水普及率（X_{17}）	%
		燃气普及率（X_{18}）	%
		人均公共绿地面积（X_{19}）	平方米
		建成区绿化覆盖率（X_{20}）	%
		城镇生活污水排放量（X_{21}）	万吨
		工业废气排放量（X_{22}）	亿立方米
		移动电话普及度（X_{23}）	%
		互联网宽带普及度（X_{24}）	%

二、结果分析

（一）基本公共服务发展的总体时空特征

除吉林市和四平市以外，吉林省基本公共服务水平整体上呈现递增态势，平均值由 2003 年的 0.5403 增至 2014 年的 0.5992，其中尤以长春市的基本公共服务水平增幅最为明显，由 2003 年的 0.7500 增至 2014 年的 0.8703，始终处于基本公共服务发展的快车道，这与其雄厚的经济基础、优越的财政政策优势和大量的供给投入等密切关联；吉林市和延边州次之，两个年份的基本公共服务水平均值分别为 0.6806 和 0.6294；资源衰退型城市白山市、辽源市和资源再生型城市通化市及西部内陆地区白城市等的基本公共服务发展相对滞后，两个年份的基本公共服务平均值分别为 0.5581、0.4932、0.5307 和 0.4923；资源成长型城市松原市的基本公共服务水平最弱，2003 年和 2014 年基本公共服务得分仅为长春市基本公共服务的 49.71%、53.43%，地方政府对于基本公共服务的支出资金有限，如图4-1所示。

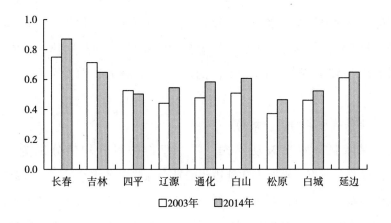

□2003年　▨2014年

图4-1　基本公共服务水平的时空格局

（二）基本公共服务发展的子系统时空特征

1. 基本教育服务的时空格局特征

基本教育服务水平整体呈现递增态势，以通化市、白山市和白城市的增幅尤为突出，基本教育服务得分分别由2003年的0.2408、0.2235和0.2789增至2014年的0.5026、0.4901和0.4817，仅有四平市基本教育服务水平呈现递减态势，基本教育服务得分由2003年的0.5414降至2014年的0.4918；基本教育服务的地域分异特征较为显著，长春市基本教育服务水平始终最高，两个年份的基本教育服务得分分别为0.8057和0.8969，成为吉林省科技资源和人才资源最为密集的地区，教育基础服务设施相对完善，吉林市、四平市和延边州次之，两个年份的基本教育服务平均值依次为0.5959、0.5166和0.4323，资源型城市辽源市、通化市、白山市、松原市和内陆地区白城市的基本教育服务水平依然相对较差，最小得分地域松原市的基本教育服务平均值（0.2952）仅占到长春市的34.68%。

2. 医疗卫生服务的时空格局特征

医疗卫生服务水平均呈现递增态势，2003年和2014年医疗卫生服务均值分别为0.6271和0.8170，其中松原市、通化市和辽源市三个地域的增幅明显，医疗卫生服务得分分别增加 0.2968、0.2853 和 0.2722；医疗卫生服务的地域差异较小，这与各地医药资源广布、政府培育支持和居民需求均衡紧密相关，其中吉林市医疗卫生服务水平相对较高，具有充足的资源优势、体制优势和能源优势，两个年份的医疗卫生服务得分分别为 0.8781 和 0.8818，松原市医疗卫生服务水平较为滞后，两个年份的医疗卫生服务得分分别为 0.3609 和 0.6577。

3. 社会保障服务的时空格局特征

社会保障服务水平波动不大，两个年份的得分均值分别为 0.6523、0.6705，其中白山市、松原市和延边州的社会保障服务水平呈现下降趋势，白城市社会保障服务得分由 0.4223 增至 0.5210，增幅较为明显；社会保障服务的地域分异特征显著，延边州社会保障服务水平始终最高，两个年份的社会保障服务得分分别为 0.9988 和 0.8965，白山市和长春市次之，社会保障服务均值分别为 0.8640、0.8205，白城市、松原市和四平市社会保障服务水平较低。

4. 文化体育服务的时空格局特征

文化体育服务水平下降趋势明显，两个年份的得分均值分别为 0.4215 和 0.2654，仅有长春市呈现递增态势，吉林市文化体育服务水平降幅最为明显，由 2003 年的 0.8940 减至 2014 年的 0.3142；文化体育服务的极化特征十分突出，两个年份的标准差分别为 0.3008 和 0.2858，其中长春市文化体育服务水平始终最高，得分均值为 0.9833，吉林市次之，辽源市、白山市和松原市的文化体育服务水平较为滞后，得分均值分别为 0.1619、0.1594 和 0.1303。

5. 市政设施服务的时空格局特征

市政设施服务水平的空间差异不大，两个年份的标准差分别为 0.0970 和 0.0577，指数均值分别为 0.6054 和 0.7163，除白城市以外，其他地域市政设施服务水平均呈递增态势，延边州始终处于最大值，资源型城市辽源市和白山市的市政设施服务水平提升较为明显，道路、通信、供电、供气、垃圾处理、给排水等的有效供给和人均环境有了显著提升，加快人口、生产要素和企业等向城镇集聚，但城镇综合承载能力偏低，人均居住面积和公共绿地面积及供水普及率、燃气普及率等指标均未达到全国平均的问题仍需进一步解决。

第四节 四化发展水平整体提高但协调度较低

工业化、城镇化、农业现代化和信息化的发展速度与水平相互促进、相互适应、协调均衡、相辅相成，有着内在的逻辑关系，是新型城镇化进程中产业支撑、就业转移和人口集聚的必要前提，也是经济社会转型的关键措施和根本目标[239]。四化协调的科学判断，决定着新型城镇化发展的基本方向，对于城市发展方针的确定、城乡要素的公平交换、新型城乡关系的建立和区域一体化进程的实现等具有重要的理论意义和实践价值。

2003 年老工业基地振兴战略实施以来，吉林省工业化、城镇化、农业现代化和信息化变化较为显著，有力地推动着国民经济的快速增长及全面建设小康社会的建设进程，但随着体制性与结构性矛盾的愈发凸显、能源资源的枯竭锐减、农业经营方式的粗放和工业技术人才的缺失，吉林省四化发展的脱节问题日渐显现，主要表现为工业化与城镇化错位、人口非农化和土地城镇化明显快于人口城镇化、农业现代化滞后于城镇化和工业化、信息化质量不高等，制约着新型城镇化进程的深入实现和老工业基地的全面振兴，四化协调作为症结破解的根本，成为普遍关注的热点之一[240,241]。基于此，利用耦合协调度模型探讨吉林省四化协调的时空格局特征，描述演变规律和总体走向，旨在为各级政府制定区域战略政策提供理论支撑。

一、指标体系的构建

（1）从产出、就业和效益方面，选取人均工业总产值（X_1，万元/人）、第二产业产值比重（X_2，%）、第二产业从业人员比重（X_3，%）、工业劳动生产率（X_4，万元/人）测算工业化水平①；

---

① 工业劳动生产率 = 第二产业增加值/第二产业从业人数。

（2）从经济、人口、基础设施和生态方面，选取人均GDP（X_5，万元/人）、第三产业产值比重（X_6,%）、非农业人口比重（X_7,%）、人均社会消费品零售总额（X_8，元/人）、人均固定资产投资（X_9，元/人）、万人医院和卫生机构床位数（X_{10}，张/万人）、社会保险参保人数（X_{11}，万人）、公路密度（X_{12}，千米/平方千米）、环境污染治理完成投资额（X_{13}，万元）测算城镇化水平；

（3）从投入产出方面，选取耕地有效灌溉率（X_{14},%）、农业机械化程度（X_{15}，千米/公顷）、农业劳均经济产出（X_{16}，元/人）、农业地均经济产出（X_{17},%）、农业劳均农产品产量（X_{18}，千克/人）、农业劳动生产率（X_{19}，元/人）测算农业现代化水平[①]；

（4）从信息人才、资源、网络、技术方面，选取邮电业务指数（X_{20}，元/人）、移动电话普及度（X_{21}，户/万人）、互联网宽带普及度（X_{22}，户/万人）、公共图书馆图书总藏量（X_{23}，册）测算信息化水平[②]。

为了便于计算四化指数，将上述指标分别按照均等权重进行处理，计算公式为：

$$IDI = \frac{1}{k}\sum_{i=1}^{k} IDI'_i \quad URI = \frac{1}{k}\sum_{i=1}^{k} URI'_i$$

$$AMI = \frac{1}{k}\sum_{i=1}^{k} AMI'_i \quad IFI = \frac{1}{k}\sum_{i=1}^{k} IFI'_i$$

式中，IDI、URI、AMI、IFI分别指代工业化、城镇化、农业现代化和信息化指数，IDI'_i、URI'_i、AMI'_i、IFI'_i为对应的标准化值，这里采用极值标准化，k为指标个数。

二、耦合协调度模型

在物理学中，耦合是两个及两个以上系统或运动形式通过相互作用而彼此

---

① 农业劳均经济产出＝农林牧渔业总产值/第一产业从业人数，农业地均经济产出＝农林牧渔业总产值/第一产业产值，农业劳均农产品产量＝主要农作物产量/第一产业从业人员数，农业劳动生产率＝第一产业产值/第一产业从业人员数。

② 邮电业务指数＝邮电业务总量/总人口数；移动电话普及度＝移动电话用户数/总人口数；互联网宽带普及度＝互联网宽带用户数/总人口数。

影响的现象，耦合度用以测度相互作用程度，不分利弊；协调是系统各组成要素在发展过程中的和谐一致，这种和谐一致的过程称为协调度[242]。本书引入耦合协调度模型系统分析工业化、城镇化、农业现代化与信息化相互作用、彼此影响、和谐一致的程度，全面测度四化交互耦合强度和协调发展水平，模型结构[243]为：

$$C = \left[\frac{IDI \times URI \times AMI \times IFI}{(IDI + URI + AMI + IFI)^4} \right]^{\frac{1}{4}}$$

$$T = \alpha IDI + \beta URI + \gamma AMI + \varepsilon IFI$$

$$D = \sqrt{C \times T}$$

式中，C 为耦合度，其中 $C \in (0, 0.3)$ 为低水平耦合阶段，$C \in (0.3, 0.5)$ 为拮抗阶段，$C \in (0.5, 0.8)$ 为磨合阶段，$C \in (0.8, 1)$ 为高水平耦合阶段；T 为综合协调指数，反映四化对协调度的贡献，其中 α、β、γ、ε 为待定系数，鉴于四化同等重要，均赋值 0.25；D 为协调度，$D \in [0, 1]$，D 越大，协调度越高，D 越小，协调度越低，根据廖重斌的研究[244]，将协调度划分为10 种类型，即：$D \in (0, 0.09)$ 为极度失调型、$D \in (0.1, 0.19)$ 为严重失调型、$D \in (0.2, 0.29)$ 为中度失调型、$D \in (0.3, 0.39)$ 为轻度失调型、$D \in (0.4, 0.49)$ 为濒临失调型、$D \in (0.5, 0.59)$ 为勉强协调型、$D \in (0.6, 0.69)$ 为初级协调型、$D \in (0.7, 0.79)$ 为中级协调型、$D \in (0.8, 0.89)$ 为良好协调型、$D \in (0.9, 1)$ 为优质协调型。

三、结果分析

（一）四化发展的时空特征分析

通过计算工业化、城镇化、农业现代化和信息化指数，测度吉林省四化发展水平的时空格局特征。

1. 四化发展呈现时间波动性

从水平上看，工业化 > 城镇化 > 农业现代化 > 信息化；从增幅上看，工业化、城镇化和农业现代化发展表现为递增态势，平均值分别由 2003 年的 0.6527、0.5890、0.5093 增至 2014 年的 0.7100、0.6667 和 0.5945，以农业现代化增幅相对明显，但依然比较落后，仍以传统的种养殖业为主，经营单体规模小，基础地位有待增强；城镇化增幅次之，城镇常住人口、城镇化率、城市数量、财政收入、城镇综合承载能力等指标均获得一定程度的提升，而"城市病"的凸显、基本公共服务和社会福利的缺失、城镇结构的不合理、城镇发展方式的粗放等，使得城镇化增速减缓，城镇化发展质量不高；工业化水平增幅较慢，以重化工业比重高，能耗和污染严重，对城镇化和农业现代化的带动作用不强，产业结构的合理化和高级化应成为今后工作的重点；信息化水平表现为递减态势，两个年份的平均值分别为 0.4711、0.4575，长期处于四化中的"短板"。

2. 四化发展呈现空间非均衡性

（1）信息化分异程度始终最高，极化特征显著，2003 年和 2014 年信息化标准差分别为 0.2467、0.2194，信息化水平最大得分地域均为长春市，形成技术创新体系和人才培养体系为支撑，光显示器件及上下游产品、光电子器材与材料、光电仪器仪表与设备、汽车电子和软件等为特色的产业格局，龙头地位尤为突出，最小得分地域均为松原市。

（2）工业化和城镇化的空间分异不断缩小，标准差分别由 2003 年的0.1567、0.1570 降至 2014 年的 0.0933、0.1569，其中，长春市、吉林市、通化市、白山市和松原市的工业化水平始终高于吉林省工业化平均水平；仅有长春市、吉林市和延边州的城镇化水平始终高于吉林省城镇化平均水平，占全部地域数量的 33.33%。

（3）农业现代化的空间分异逐渐增大，标准差由 2003 年的 0.1954 增至2014 年的 0.2103，长春市农业现代化水平最高，两个年份的平均值为 0.8342，四平市、辽源市、松原市次之，低值分布在地形崎岖复杂的东部沿边地区，包括延边州和白山市，两个年份的农业现代化平均值分别为 0.3002 和 0.2098。

（二）四化发展的耦合协调度分析

运用耦合协调度模型，分别计算四化发展的耦合度与协调度如表 4-6所示。

表4-6　四化发展的耦合度与协调度

城市	耦合度			协调度		
	2003 年	2014 年	耦合类型	2003 年	2014 年	协调类型
长春市	0.2493	0.2491	低水平耦合	0.4741	0.4735	濒临失调
吉林市	0.2459	0.2451	低水平耦合	0.4156	0.4134	濒临失调
四平市	0.2382	0.2368	低水平耦合	0.3234	0.3742	轻度失调
辽源市	0.2346	0.2372	低水平耦合	0.3473	0.3742	轻度失调
通化市	0.2464	0.2427	低水平耦合	0.3655	0.3838	轻度失调
白山市	0.2262	0.2256	低水平耦合	0.3235	0.3378	轻度失调
松原市	0.2329	0.2380	低水平耦合	0.3266	0.3640	轻度失调
白城市	0.2497	0.2447	低水平耦合	0.3351	0.3359	轻度失调
延边州	0.2352	0.2411	低水平耦合	0.3530	0.3659	轻度失调

1. 四化发展的耦合度分析

四化发展的耦合度始终处于（0，0.3）的低水平耦合区间，2003 年和 2014 年耦合度均值分别为 0.2398、0.2400，总体呈现递增态势，与综合协调指数 T 的变化趋势相一致。两个年份的耦合度标准差分别为 0.0083、0.0068，空间分异特征不明显。2003 年，长春市、吉林市、通化市和白城市的四化发展耦合度高于平均水平，以长春市最高（0.2493），东部沿边地区白山市的四化耦合度（0.2262）较低；与 2003 年相比，2014 年延边州的四化发展耦合度高于吉林省平均水平，最高得分地域长春市和最低得分地域白山市的耦合度相差 0.0235，仅有辽源市、松原市和延边州的四化发展耦合度出现小幅提升。

2. 四化发展的协调度分析

四化发展的协调度整体不高，2003 年和 2014 年协调度平均值分别为 0.3627、0.3803，包括濒临失调（0.4，0.49）和轻度失调（0.3，0.39）两种低水平协调类型，呈现明显的非同步发展特征。除中部长春市和吉林市始终为协调度水平相对较高的濒临失调型以外，其余均为轻度失调型；两个年份中，仅有长春市和吉林市的协调水平呈现下降态势，协调度分别由 0.4741、0.4156 降至 0.4735、0.4134，其余均呈现上升态势。另外，两个年份四化发展的协调度标准差分别为 0.0509 和 0.0420，空间分异相对均衡，如表 4-6 所示。

第五节　城市综合承载力全面提升但普遍不高

承载力（Carrying Capacity）原本是物理学概念，表示某一物体在不产生破坏时承受的最大负荷[245]，种群生物学最早使用承载力一词，用以衡量某一区域在某种环境条件下能够维持某一物种个体的数量，之后日渐引起经济学、生态学、地理学和人口学等的广泛关注，旅游承载力、生物承载力、耕地人口承载力、交通环境承载力等概念不断迭出，呈现广度愈发拓宽的特征。城市综合承载力（Comprehensive Carrying Capacity）作为测度城市可持续发展能力的重要依据，是客观存在的事实，是指城市资源禀赋、生态环境、基础设施、公共服务、就业岗位等对城市人口与社会经济活动的承载能力，是土地资源承载力、生态环境承载力、水资源承载力和地质环境承载力等的有机结合，具有复杂性、综合性、动态性与开放性特征。石忆邵等[246]认为，城市综合承载力的评价不宜过于宽泛，应更加具有针对性，体现资源环境的主要短板因素和限制性因素，满足城镇化进程与经济发展、环境资源保持相对平衡。

一、指标体系的构建

2003 年老工业基地振兴战略实施以来，吉林省城市综合承载力有了显著改善，2014 年城市供水和燃气普及率分别为 93.5%、89.5%，生活垃圾无害化处理率与污水集中处理率分别达到 72%、83%，基本养老保险覆盖率为93.8%。但是，在当前社会经济快速推进过程中，与吉林省作为我国重要的商品粮基地、加工制造业基地和生态示范基地明显不符的是，地方政府大批设立开发区、城市新区及工业集中区，大量耕地和基本农田被占用，农民失地现象突出，大城市交通拥堵问题严重，"城市病"愈发难以治理，水资源整体上较为短缺，成为工程性、水质性和资源性缺水并存地区，水资源供给成为区域发展瓶颈，传统粗放式的产业结构和发展方式一定程度上制约生态环境质量的改善与提升等，因此本书从土地、交通、水资源和环境4个承载力要素出发，立足于承载力的压力与支撑力两大系统，其中压力表示城镇化发展的需求，压力越大，城镇化发展的制约性越强，支撑力表示城镇化发展的供应能力，支撑力越大，城镇化发展对某要素的供应越多，越有利于承载力的增强，最终建立的城市综合承载力评价指标体系，如表4-7所示。

表4-7　城市综合承载力评价指标体系

目标层	准则层	指标层	分指标层	单位
城市综合承载力评价指标体系(CCC)	土地承载力（LCC）	压力指标（P_1）	人均城市建设用地面积（X_1）	平方千米/万人
			单位产值用地需求（X_2）	平方千米/万元
		支撑力指标（B_1）	人均建成区面积（X_3）	平方千米/万人
			人均耕地面积（X_4）	平方公顷/万人
	交通承载力（TCC）	压力指标（P_2）	民用汽车拥有量（X_5）	辆
		支撑力指标（B_2）	人均城市道路面积（X_6）	平方米
	水资源承载力（WCC）	压力指标（P_3）	人均日生活用水量（X_7）	立方米/万人
		支撑力指标（B_3）	人均可利用水资源量（X_8）	立方米/万人
	环境承载力（ECC）	压力指标（P_4）	工业废水排放量（X_9）	万吨
			工业二氧化硫排放量（X_{10}）	吨
		支撑力指标（B_4）	人均公共绿地面积（X_{11}）	平方米
			建成区绿化覆盖率（X_{12}）	%

注：单位产值用地需求＝城市建成区面积/GDP；人均日生活用水量＝居民家庭用水量/总人口；人均可利用水资源量＝城市供水总量/总人口。

二、结果分析

运用极值标准化和熵值法，分别测度2003年、2014年吉林省9个地域单元的综合承载力、土地承载力、交通承载力、水资源承载力和环境承载力时空格局特征。

（一）城市综合承载力的总体时空特征

（1）2003年，吉林省城市综合承载力平均值为0.3381，最大得分地域吉林市（0.5210）与最小得分地域通化市（0.2312）综合承载力相差0.2898，空间分异特征不太明显，标准差为 0.0909，省会城市长春市的城市综合承载力处于第二位（0.3821），这与其在区域内的极化核心地位和首位城市特征不一致，松原市（0.3808）、白城市（0.3670）和辽源市（0.3528）次之，东部沿边地区城市综合承载力整体较低，包括白山市（0.2572）、延边州（0.2436）和通化市（0.2312）。

（2）2014 年，吉林省城市综合承载力平均值为 0.4716，城市综合承载能力整体增强，自 2003 年老工业基地的十年振兴以来一定程度上加快城市基础设施建设，完善基本公共服务和社会福利保障，通过全面实施市区"退二进三"、城区老工业区搬迁改造等提升环境质量，完善综合服务功能。另外，吉林省城市综合承载力的空间分异特征整体变化不大，标准差0.0903，其中省会城市长春市的城市综合承载力增幅（0.2478）最大，居于吉林省综合承载力的首位城市，白山市、白城市、延边州和松原市的城市综合承载力增幅次之，分别比 2003 年增加 0.2045、0.1654、0.1590和 0.1562，通化市城市综合承载力增幅不大，仅有区域中心城市吉林市的城市综合承载力呈现递减态势，由 2003 年的 0.5210 降至 2014 年的 0.4229。

（二）城市综合承载力的子系统时空特征

2003 年和 2014 年，吉林省土地承载力、交通承载力、水资源承载力及环境承载力得分均不高，两个年份的承载力均值分别为 0.1254、0.0658、0.0881和 0.1255，可见，交通承载力是吉林省综合承载力提升的首要制约因素，水资源承载力次之，土地承载力和环境承载力对综合承载力的制约影响相对较低。

1. 城市土地承载力时空格局特征

土地承载力在四个分项承载力中水平最高，两个年份的平均值分别为0.0950 和 0.1559，空间分异特征不明显，其中松原市始终为土地承载力的最强地域，土地承载力得分依次为 0.1671 和 0.2230，人均耕地面积分别达到0.37 平方公顷和 0.43 平方公顷，白山市始终为土地承载力的最弱地域，土地承载力得分依次为 0.0553 和 0.1020，相对崎岖的地形地貌对其影响显著。另外，吉林省 9 个地域单元的土地承载力水平均呈现递增态势，以辽源市增幅相对明显，土地承载力得分由 2003 年的 0.0446 增至 2014 年的 0.1387，白城市土地承载力增幅次之，长春市土地承载力增幅最小，仅仅提高 0.0422，这与其战略政策的制定、招商引资的进行、大型项目的落地和开发区新区的设立等密切关联，加上较为低下的土地利用效率、日益增加的城市人口数量等，一定程度上加剧了基本农田的减少和农民失地的增加，土地承载能力面临着巨大挑战。

2. 城市交通承载力时空格局特征

长春市交通承载力始终最高，两个年份的交通承载力得分分别为 0.1311 和 0.2823，城市路网快速发展，基本形成适应未来城市发展要求的高效内外交通体系，轻轨、公交、有轨电车、地铁等公共交通相对完善，建成以公路、铁路、航空等多种运输方式相结合的综合立体交通网络体系；吉林市交通承载力水平处于第二位，交通承载力得分分别为 0.0673 和 0.1126，长吉一体化的贯彻落实对其影响显著，长吉北、中、南三线增强吉林市对外交通连接能力；松原市和四平市交通承载力次之，这与其本身的交通纽带作用有着直接关联，尤其是四平市是国家级综合交通枢纽城市，能够充分发挥在区域交通网络的中心优势地位；吉林省东西两侧外围边缘城市的交通承载力整体较差，交通线路稀疏，多断头路和等级不对称公路，支线机场功能地位尚不明确，运营压力较大，与干线机场的联结网络尚未形成，其中白山市城市交通承载力始终最低，两个年份的交通承载力得分分别为 0.0207 和 0.0330。

3. 城市水资源承载力时空格局特征

吉林省作为工程性、水质性和资源性缺水并存区，水资源是其城市综合承载力提升的重要制约因素。2003 年和 2014 年，吉林省城市水资源承载力平均值分别为 0.0899 和 0.0863，水资源承载力标准差依次为 0.0898 和 0.0200，这表明吉林省城市水资源承载能力整体波动不大且空间趋于均衡。其中，作为东北重要化工基地的吉林市水资源承载力降幅尤为明显，两个年份的水资源承载力得分分别为 0.3264 和 0.1149，考虑到吉林市是北方为数不多的水资源丰裕城市之一，本书认为，产生上述问题的主要原因在于近年来工农业用水增加、工业废水排放量不断增大及水质污染问题严重等尚没有得到有效和根本治理，除此之外，其他地域单元的水资源承载力均呈现上升态势，但是承载力增幅相对较小。

4. 城市环境承载力时空格局特征

2003 年和 2014 年，吉林省城市环境承载力平均值分别为 0.1104、0.1406，标准差分别为 0.0576 和 0.0656，说明吉林省城市环境承载力呈现递增态势，且空间分异逐渐增大。其中，地处松嫩平原过渡地带和长白山余脉的辽源市环境承载力最强，两个年份的环境承载力得分分别为 0.2232 和 0.2307，作为资源枯竭型城市，积极响应"美丽中国"的建设目标，根据自身条件，努力打造生态环境和谐的生态宜居城市，建设国家级园林城市，白城市、白山市和松原市次之，两个年份的环境承载力均值分别为 0.1808、0.1636 和 0.1512，经济发展水平相对较高的延边州、长春市和吉林市的城市环境承载力较低，环境承载力均值分别为 0.0934、0.0764 和 0.0539，人口、劳动力及工业企业等生产生活要素的大规模进入对于生态环境质量的承载能力产生巨大压力。

第五章　吉林省新型城镇化发展的
动力机制

　　吉林省新型城镇化的发展受到来自多方面因素的综合驱动，既有内生动力，也有外在力量，既有要素驱动和投资驱动，也有创新驱动，既有市场机制，也有政府行为。本书从传统城镇化发展模式亟须转型、新型城镇化战略政策的科学指导、经济持续健康发展的"多业"支撑、东北亚区域开放的独特区位条件、老工业基地全面振兴的鼎力支持五个方面分析吉林省新型城镇化发展的动力机制。

第一节　传统城镇化发展模式的亟须转型

一、路径依赖特征长期存在

　　东北老工业基地是在日本侵华、资源掠夺的殖民地经济背景下，通过引进苏联计划经济体制形成与发展起来，成为计划经济体制实施最彻底和最完备的地区，依靠国家政策和投资奠定在中国工业发展的龙头地位，以独有的重工业发展优势支撑中国工业化进程，成为引领中国经济发展的重要增长极。但是，长期的计划经济发展定势和思维惯性使得东北地区产生畸形且牢固的双重路径依赖，正承受着技术转轨、企业转制和产业转型的阵痛。

（一）政策投资路径依赖

自近代时期采矿业的兴起，到"一五"时期的苏联援建，再到 2003 年老工业基地振兴战略实施以来，国家的政策引导和投资拉动为吉林省城镇化发展注入强大动力，但同时也滋生部分企业和地区"等靠要"的心理依赖，"自我造血"的内生能力逐渐丧失。中央直属国有大中型企业主导经济发展的局面没有改变，分配大锅饭、用人铁交椅、国有股独大的现象长期存在，计划经济惯性思维长期存在，行为习惯保守，创新激励机制缺失，领导干部拼劲和市场竞争意识不强，应对复杂经济问题的能力不足，行政体制改革没有完全到位，民营经济发展不充分，营商环境相对较差，市场化程度不高等问题普遍存在。

改革开放以来，国家实施效率优先的非均衡发展战略，经济建设重心转向东部沿海地区，一批新兴工业在珠三角、长三角、京津冀和环渤海地区迅速崛起，老工业基地在人才、科技、能源、原材料、工业装备等方面给予强有力的无偿支持，成为能源、原材料和粮食供应基地，形成老工业基地"原"字号低附加值产品与发达地区加工后的高附加值产品不等价交换的局面。随着投资重点的转移，老工业基地的社会投资规模出现波动，政府投资难以保持快速增长，吉林省固定资产投资额在全国固定资产投资额的比重由 2010 年的 3.82%降至 2014 年的 2.21%，加上国家政策投入的转移、已有政策红利的耗尽、有吸引力投资领域的缺失等，外部输血功能减弱，吉林省经济增长受到较大冲击。

（二）重型化路径依赖

自"一五"时期重工业体系建成以来，吉林省成为我国重工业基地之一，以煤炭开采和洗选、石油和天然气开采、石油加工、化学原料和化学制品制造、汽车制造、电力和热力的生产与供应等为主，重型化结构不断巩固，重工业产值比重由 1950 年的 47.55%增至 2014 年的 69.35%，对经济增长的贡献率进一步提升，经济发展陷入对重型化的"锁定"状态，依靠基础能源原材料和基础装备业驱动的经济增长格局尚未发生实质性变化，易受市场变化冲击的先天脆弱性问题没有解决。新时期以来，我国工业与制造业结构发生重大改变，许多重化工行业的需求峰值即将或已经到来，煤炭、原油等能源和原材料价格持续下跌，重化工企业产品库存上升、价格回落、利润下滑，劳动密集型制造业基本失去竞争力，生产的技术装备落后国际数十年，进入传统技术产业的淘汰期、资源型工业的衰竭期和调整改造的转型期，吉林省重化工业陷入"量大利小、大而不强"的尴尬境地。

二、内生增长动力明显不足

（一）消费驱动较为乏力

在合理的经济增长区间内，消费水平的高低与经济发展有着十分重要的内在联系，消费旺盛，经济增长迅速，消费不足，经济增长滞缓。2010 年以来，吉林省最终消费支出先增加后减少，2014 年最终消费支出对经济增长的贡献率为负值（见图 5－1），明显滞后于投资对经济增长的贡献率；居民消费水平与最终消费支出的变化趋势相一致，2014 年，吉林省居民消费水平（13663元）比上年减少 0.1%，低于全国居民消费平均水平（17806 元），消费能力相对较差（见图 5－2），房价、食品类及基本生活消费品的价格上涨对居民消费水平产生挤出效应；2010 年以来，吉林省城镇居民和农村居民均以衣食住行等传统消费为主，分别占到全部消费支出比重的 69% 和 70%，较高层次的享受型消费比重偏低（见图 5－3），更多受到地域条件和信息来源的限制，接受新鲜事物能力不强。

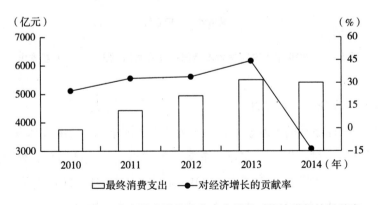

图 5－1 2010 年以来吉林省最终消费支出及其对经济增长的贡献率

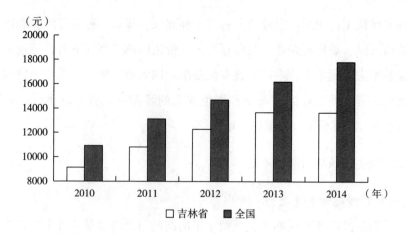

图 5-2 2010 年以来吉林省居民消费水平与全国居民消费水平

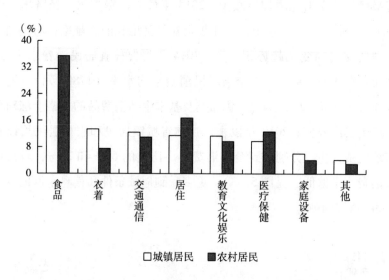

图 5-3 2010 年以来吉林省城镇居民与农村居民人均生活消费支出

（二）外贸出口不断下降

伴随着全球需求的不断萎缩，过于依赖少数国家和地区的吉林省外贸出口份额逐渐降减，对欧洲、东北亚、东南亚等的出口量降幅明显，外贸逆差严重，出口对于经济增长的贡献率由 2010 年的 6.42% 降至 2014 年的 -8.39%（见图 5-4）。按照海关商品出口总值排序，2014 年吉林省前十位出口商品依次为服装及衣着附件、胶合板及类似多层板、汽车零件、钢材、汽车、纺织纱线和织物、粮食、医药品、水果及坚果、肥料，2015 年 9 月，农产品、木制品及家具、轻纺产品和医药产品占吉林省出口总额的 94.1%，而汽车及零部件、石化产品、轨道客车及零件、冶金矿产等支柱产品及高新技术产品的出口额均呈现不同程度的下降趋势。

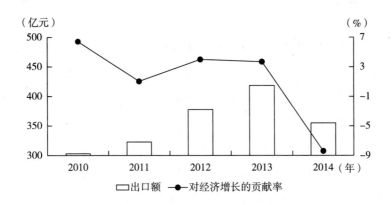

图 5 - 4　2010 年以来吉林省出口额及对其经济增长的贡献率

（三）创新能力相对滞后

根据《中国区域创新能力评价报告 2014》可知，受到国际金融危机和国内新常态发展模式的影响，吉林省仍处于投资驱动阶段，综合创新能力连续两年下滑，处于全国中下游水平，市场化水平低，科技要素基础薄弱，创新创业环境较差，在知识创造、知识获取、企业创新实力和创新环境方面明显滞后于国内其他省区，比较优势无法转化为竞争优势，创新活力亟须激活。

三、产业发展竞争力持续减弱

（一）三次产业增速减缓

第二产业作为吉林省经济增长的主导产业，近年来产值增速持续降低，由2010 年的 21.40% 降至 2014 年的 5.69%，对于经济增长的贡献作用逐渐减弱，产业贡献率和产业拉动率分别由 2010 年的 66.4%、9.2% 降至 2014 年的

55.2%、3.6%。究其原因，吉林省汽车、装备制造、粮食深加工、石油化工、冶金建材、能源与材料加工等传统工业比重偏高，"原"字号和"初"字号产品居多，回收期长，风险较高，外部市场对其需求减弱，本该限制、淘汰、转型的钢铁、水泥、造船等落后产能扩张迅速，投资规模不降反升，能耗与污染严重，受到市场和环境变化的影响大。另外，新型工业和技术密集型工业比重较小，通过银行贷款等传统方式进行单一融资，资源集约化程度相对较低，产业链条短。

第三产业和第一产业增速同样存在不同程度的下降，第三产业整体层次不高，内部结构不合理，交通运输、仓储邮政、批发零售等一般性和低层次领域产值较大，而金融、信息、高端服务、商务会展、现代物流、服务外包等高层次的现代服务业发育程度和社会化水平低；第一产业结构层次低、效益差，以传统的玉米种植业为主并持续多年，虽然玉米产量、商品率、人均出口量等名列全国前茅，但是农业机械化水平不高、通过粮食生产获取的收入低、粗放型生产加工普遍、经营单体规模小、产业附加值低、受政策和粮食进出口影响大等，如图5-5所示。

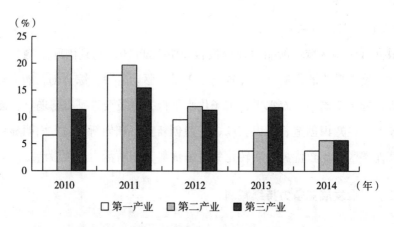

图5-5　2010年以来吉林省三次产业产值增速

（二）支柱产业趋于弱化

汽车、石化和农产品加工作为吉林省三大支柱产业，是产业发展的"金字招牌"，在东北乃至全国地域分工体系中存在比较优势。然而，由于创新投入和研发投入的不足，科研成果的就地转化率低，科研优势尚未转化成产业优势，自主创新能力与研发能力差，核心技术和关键技术缺失，多数企业处于全球高技术产业链的加工制造低端环节，利润微薄，加上各地产业结构的高度趋同，专业化分工与协作的缺失，难以形成集群效应，支柱产业的优势地位正趋于弱化。

首先，汽车产业技术水平低，创新能力弱，轿车生产采用"全部引进逐步国产化"的方式，开发技术依靠国外，销售价格处于劣势，专用车种类少，零部件配套企业主要是外资企业与合资企业，本地企业比较少，规模小且相对分散，地区协作配套率低，尚未形成集群优势，缺乏系统集成和模块供货能力，带来衍生利益的同时进一步加剧市场分割，零部件配套水平与"一汽"的技术和成本要求存在差距，以低水平的传统零部件生产为主，核心零部件依赖进口。根据中国汽车工业协会统计信息可知，2009 年"一汽"汽车销量 194.46 万辆，仅次于"上汽"，居国内十大汽车生产企业第二位（见图 5－6），2015 年"一汽"汽车销量 284.38 万辆，居国内十大汽车生产企业第三位，落后于"上汽"和"东风"，与"长安"和"北汽"的汽车销量差异不大（见图 5－7），汽车产业竞争力持续下降。

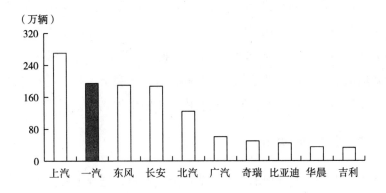

图 5－6　2009 年中国十大汽车生产企业销量排名

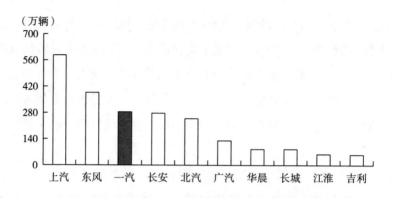

图 5-7　2015 年中国十大汽车生产企业销量排名

其次，石化产业以基础化工原料为主要产品，经济效益差，改革开放之初即被高附加值、高技术含量的精细化工超越。随着石油开采业和石油化工业的蓬勃兴起，传统化学工业处于更加微弱的地位，在全国化学工业行列中逐渐落伍。考虑到回收期长、风险较大，石化产业的资金投入不足，低端基础性原材料供给过剩，高端精细化工产品供给不足，供需缺口大，加上全球原油供应过剩、原油价格持续下跌、高能源密集型工业增长放缓的影响，吉林省石化产业亏损严重，成品油堵库，生产艰难。

最后，农产品加工业主要包括粮食加工、畜产品加工和特产品加工等，总体上属于低层次的农业产业结构。具体表现在规模化水平较低，加工技术落后，加工设备简陋，机械化程度低，以初级加工为主，深加工比重小，加工转化能力只有全国平均水平的 60% 左右，产业链条短，市场开拓能力不强，缺乏品牌效应的推广。产值效益低，污染和浪费问题突出，是农业发展高投入低产出的主要原因，一定程度上使得粮食库存不断增加。

四、能源资源产销失衡

吉林省作为老工业基地的重要组成部分，城镇化进程主要依靠资源的开发利用加速工业化来推动，相应形成垦区城镇、林区城镇、油田城镇和矿区城镇等多个资源型城镇，为我国独立完整工业体系的建立和国民经济的发展做出历史性贡献，但煤炭、石油开发强度过大，资源储量日趋衰竭，现有能源根本无力支撑高投入、高消耗的发展模式。另外，包括原料运费在内的营运成本超过极限，区域优势丧失。与之相对应，吉林省电力、水泥等产能过剩问题突出，加上高耗能、高排放和高污染项目的低水平重复建设，接续替代产业的支撑保障能力严重不足等，严重影响资源型城市的可持续发展，转型任务依旧艰巨，在东北乃至全国地域分工体系中逐渐被边缘化。

　　吉林省包括松辽盆地西部、松辽盆地东部、吉林中部、延边地区、吉林南部、伊舒断陷和敦密断陷七大含煤区，曾是我国重要的能源保障基地，但重工业产业结构下的长期高强度开采，使得作为一次能源和重要工业原料的原煤已经不能自给自足，煤炭剩余储量几无扩产空间，消费量愈发高于生产量，供给缺口越来越大，原煤缺口由1990年的372.44万吨增加至2014年的4331.72万吨（见图5-8），未来经济发展将面临煤炭能源供应不足的瓶颈制约。随着国际煤炭价格的逐渐下滑、俄罗斯和朝鲜低价进口煤的源源流入、股份制企业职工的不断流失等，吉林省许多煤矿收入愈发减少，煤矿企业的未来生产经营将更加困难。

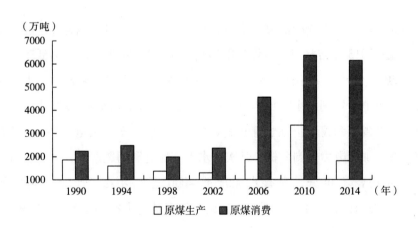

图5-8　1990年以来吉林省原煤生产与消费情况

　　与之相似，吉林省原油储量急剧减少，消费量愈发高于生产量，原油缺口由1990年的82.62万吨增加至2014年的510.27万吨（见图5-9）。虽然吉林省油页岩储量巨大，已探明储量累计844.5亿吨，占到全国油页岩资源储量的

81%，集中分布于松辽盆地南部及梅河盆地、桦甸盆地和延吉罗子沟盆地等，但受到油页岩层位薄、埋藏深、含油率低、对环境破坏大、页岩油开采技术滞后等的制约，目前开采规模不大，效益始终未能提高，尚处于原始阶段。

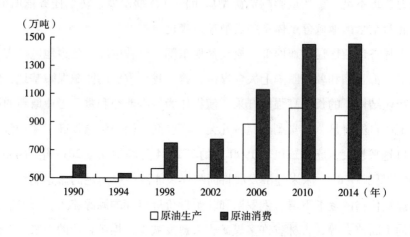

图 5 - 9　1990 年以来吉林省原油生产与消费情况

与煤炭、石油资源产销缺口持续增大不同的是，吉林省电力和水泥产能过剩。首先，2013 年吉林省火电设备平均利用小时数 3433 小时，远低于全国平均水平 5012 小时，仅高于西藏；风力窝电现象未见根本性好转，电力装机严重过剩，风电平均利用小时数 1725 小时，低于全国平均水平 2080 小时，与此同时，吉林省电源建设仍在快速进行，如在建 60 万千瓦火电，260 万千瓦取得路条等，加剧电力过剩危机。其次，水泥产能过剩问题严重，这与地方保护和政绩冲动密不可分，现有水泥产能 4000 万吨左右，产能过剩比例为40.89%，白山市和四平市水泥产能过剩比例更是高达 82.5% 和 46.05%。

五、城镇体系发育不完善

目前，吉林省已初步形成由特大城市、大城市、中小城市和小城镇构成的城镇体系框架，但仍然存在城镇等级结构不协调、城镇空间布局不均衡等问题，"城镇群"概念没有形成。其中：

两个特大城市长春市与吉林市的发展水平高、速度快，成为区域经济增长双核心，主要社会经济指标占全省同类指标的比重均超过50%（见表5－1），在长期"自上而下"计划调拨方式的影响下，资金、人才、技术、劳动力等生产生活要素向长吉地区集聚，在分配项目资金、布局大型企业和部署发展战略时，也更多倾向长吉双核，呈现明显的大城市优先增长特征；而外围中小城市的要素流与发展机会被不断剥夺，根本利益得不到重视，大城市区域带动乏力，经济发展相对滞后，虽然建制镇数量多，但经济实力不强，产品同构性突出，尚未形成产业链条，缺乏品牌效应，难以实现规模效益，城镇化地域推进过程中二元结构矛盾突出。而且，中小城镇间的联动性较差，各地缺乏统筹意识，尚未形成较为清晰的发展思路，影响区域间经济社会的交流与合作，多数仍处于孤立边缘状态，甚至有部分资源型小城镇因资源过度开采呈现出收缩状态。

表5－1　2014年长吉二市在吉林省的社会经济地位

经济指标	GDP（万元）	固定资产投资（万元）	国内旅游收入（亿元）	财政收入（万元）	社会消费品零售额（亿元）
长吉二市	76205869	51897356	1008.67	5217882	3036.72
吉林省	144001597	97257583	1441.64	9047272	5426.43
所占比重（%）	52.92	53.36	69.97	57.67	55.96

　　长吉一体化虽然得到地方政府部门的高度重视，取得一定的进展和成效，但是一体化发展的核心即产业一体化尚未真正实现，两市之间的经济联系局限于流通领域，缺少生产领域的内在协作。延龙图一体化采取自下而上的发起方式，即由州委、州政府推动，争取省委、省政府支持，降低一体化的成效、速度和社会影响力，整体进展不大，经济关联度和产业互补性较低，经济社会发展尚未协调统筹，很多措施仍停留在建议和设想阶段，与开放前沿的功能定位有很大差距，前沿作用远未发挥，产业一体化同样没有真正实现。其中，延吉、龙井和图们均属于县级行政建制，人口规模少、经济总量小，发展相对滞

后，按照市管县体制，通过重点建设延吉来牺牲周边县级区域的利益，导致各地区利益很难获得保障和均衡，图们作为延龙图的窗口，与延吉市空间距离远，受其影响带动弱。

"中部密集成网、周边稀疏成枝"的非均衡交通体系制约着吉林省一体化尤其是东西向一体化的快速实现，南北向哈大交通线路的密集度与延展度明显好于东西向。另外，铁路等级低、运输效率低下、设备陈旧老化等的问题普遍存在，现代化程度低于全国平均水平；与其他省区邻接区多断头路和等级不对称公路，运力运能差等愈发影响与周边省区的一体化衔接。

六、农民工市民化进程缓慢

20 世纪 80 年代以后，随着城市产业结构调整的加快和农业剩余劳动力的增加，吉林省形成高涨的农民工进城热潮，1986 年进城农民工 17.5 万人，2010 年达到 289.9 万人，分别占到全省农村劳动力和农业人口的 52.1% 和 24.5%。虽然进城农民工数量不断增加，但是农民工的身份转换滞后于职业转换，户籍人口城镇化率仍低于常住人口城镇化率（见图 5-10），这其中所隐含的问题不容小觑。

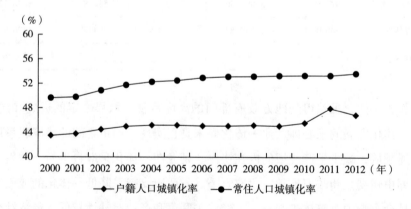

图 5-10 2000 年以来吉林省户籍人口城镇化率与常住人口城镇化率比较

根据《关于改善吉林省城市农民工生存状况的提案》及《关于我省做好

农民工市民化的提案及答复（54 号）》① 可知，吉林省进城农民工以青壮年男性为主，秋收时弃工回家，影响工作的连续性和稳定性，制约现代农业的发展；农民工整体文化程度不高，限制工作技能和收入水平；工作时间较长，休息时间偏少；工伤保险参保率低于 4%，医疗保险和养老保险参保率低于 5%，缺失大病救助和失业保险，女性农民工缺失生育保险；缺失社会福利，居住条件差，无降暑费和取暖费，职工培训不足，子女义务教育执行不到位等；业余生活单调，极少参与城市娱乐项目，获取信息有限；农村留守子女超过 13 万人，遍布 10000 多个行政村，占全部儿童总数的 1.91%。由此来看，吉林省进城农民工生存状况不理想，在住房、医疗、社会保障、卫生、教育等方面基本没有享受到市民化待遇，城市包容性较差，影响农民工市民化、农业现代化、城乡一体化、人口城镇化的实现。另外，大多数农村居民不愿放弃享受土地既得利益和不断增加的惠农政策，市民化意愿不强，也是吉林省农民工市民化进程缓慢的重要原因。

第二节　新型城镇化战略规划的科学指导

新型城镇化是依据十八大政府报告、中央城镇化工作会议精神、《十二五规划纲要》及《全国主体功能区规划》等编制的，按照走中国特色新型城镇化道路、全面提升城镇化质量的新要求，明确未来城镇化发展的路径、目标和战略任务。从新型城镇化战略规划的城镇化政策分析看，稳步提升城镇化水平与城镇化质量，优化城镇化格局，完善城镇化体制机制，为城镇化发展提供良好的外部环境；从新型城镇化战略规划的城镇化效应看，促进产业结构的优化与升级，推进新型城市的建设，推动城乡一体化的发展及加快农业现代化进

---

① 资料来源：http：//www.jl.gov.cn/xxgk/jytajdf/2009_ jyta/zxwyta_ 2009/201011/t20101112_ 1985704.html 和 http：//www.jl.gov.cn/xxgk/jytajdf/2012_ jyta/dpta_ 2012/201301/t20130115_ 1984527.html.

程；从新型城镇化战略规划的城镇化路径看，增强中心城市的辐射带动作用，加快发展中小城市，有重点地发展小城镇化及开展新型农村社区建设试点等。

一、国家层面的战略规划

自 2007 年 5 月长三角地区提出既要走新型工业化，也要走新型城镇化以来，国家针对城镇化不同发展阶段陆续提出一系列方针、战略、政策和文件，科学指导着新型城镇化的不断完善，其中：2012 年 11 月的十八大提出要走中国特色新型城镇化道路，坚持工业化、城镇化、农业现代化和信息化的同步发展；2012 年 12 月和 2013 年 12 月的两次中央经济工作会议强调走集约、绿色、低碳、智能的新型城镇化道路，构建大中小城市和小城镇科学合理的城市格局，与资源环境的综合承载力相适应，着力提高城镇化质量，引导城镇化健康发展；2013 年 11 月的十八届三中全会侧重生态文明、财税体制、国土空间开发、城乡一体化、开放型经济等城镇化体制机制的完善；2013 年 12 月的中央城镇化工作会议重点针对农业转移人口市民化、城镇建设用地利用效率、多元可持续资金保障、城镇化形态与布局、城镇建设水平和城镇化管理新型城镇化发展的六大任务。

2014 年 3 月，《国家新型城镇化规划（2014—2020 年）》指出应当遵循城镇化发展规律，明确城镇化的发展路径、主要目标和战略任务，加快推进社会主义现代化建设，为中华民族伟大复兴这一中国梦的最终实现奠定坚实基础，成为今后我国城镇化全面健康发展的宏观性、基础性和战略性规划。

2015 年 1 月，《国家新型城镇化综合试点方案》中确定江苏、安徽 2 个省，宁波、大连、青岛 3 个计划单列市，石家庄市等 7 个省会城市，北京市通州区等 24 个地级市区县，河北省定州市等 25 个县级市区县，以及浙江省苍南县龙港镇等 2 个建制镇率先开展新型城镇化试点，形成可推广、可复制的经验等，这其中涉及吉林省长春市、吉林市、延吉市和二道白河镇的新型城镇化试点工作方案。

2015 年 11 月，按照向中西部、东北地区、京津冀地区和长江经济带地区重点倾斜的原则，同意将北京市房山区等 59 个城市（镇）列为第二批国家新型城镇化综合试点地区，考虑到农村土地制度改革试点与新型城镇化综合试点联系紧密，同时将北京大兴区、山西泽州县等 14 个农村土地制度改革试点确定为第二批国家新型城镇化综合试点地区，这其中涉及吉林省梨树县、抚松县和林海镇试点工作方案。

2016 年 1 月，国务院常务会议强调城镇化是中国发展的最大潜力，深入推进以人为核心的新型城镇化，进一步释放内需潜力，除极少数超大城市外化，全面放开落户限制，解钢铁煤炭行业的过剩产能，推进供给侧结构性改革，促进企业脱困和产业升级。

2016 年 2 月，出台《关于深入推进新型城镇化建设的若干意见》，针对《国家新型城镇化规划》实施以来城镇化质量不高、扩大内需的主动力没有充分发挥等问题，提出积极推进农业转移人口市民化，全面提升城市功能，加快培育中小城市与特色小城镇，辐射带动新农村建设，完善土地利用机制和城镇住房制度，创新投融资机制等，旨在推广总结各区域行之有效的经验，全面推进新型城镇化建设。

另外，其他战略政策对于新型城镇化发展也起到重要的指导推动作用。如 2014 年 9 月，《关于推进土地节约集约利用的指导意见》指出土地节约集约利用是新型城镇化的重要战略选择，应切实解决土地的粗放利用与浪费问题，转变土地利用方式；2015 年 3 月，《关于深化体制机制改革加快实施创新驱动发展战略的若干意见》指出，创新驱动发展战略是面对新一轮科技革命和产业革命的机遇挑战、面对新常态下的趋势变化、实现"两个一百年"奋斗目标的发展基础和第一动力；2015 年 4 月，《关于加快推进生态文明建设的意见》指出生态文明建设是以人为本、社会和谐的必然选择，是经济发展方式转变、质量和效益提升的内在要求，应坚持将节约优先和保护优先及自然恢复作为基本方式，将创新驱动和深化改革作为基本动力，将生态文化的培育作为重要支撑，将整体推进和重点突破作为工作方式，努力做到全面建设小康社会与生态文明建设相适应；2015 年 8 月，《关于加快转变农业生产方式的意见》指出面对当前农产品价格"天花板"封顶、生产成本"地板"提升及资源环境的"硬约束"加剧等全新挑战，必须将转变农业发展方式作为农业现代化的根本途径；2015 年 12 月，时隔 37 年的中央城市工作会议再度召开，指出坚持人民城市为人民，培养懂城市、会管理的干部，科学谋划城市"成长坐标"，提高城市治理能力，着力解决"城市病"问题，转变城市发展方式，走出一条中国特色的城市发展道路。

二、省域层面的战略规划

近年来，在调整结构、扩大内需和改善民生的重要举措推动下，吉林省城镇化发展成效显著。"十一五"时期实施投资拉动、项目带动和创新驱动战略，统筹推进城镇化与工业化和农业现代化，改善城镇基础设施，提高城镇服务功能，增强城镇集聚辐射带动作用，为城镇化发展奠定坚实基础；《关于统筹推进吉林特色城镇化的若干意见》《吉林省城镇体系规划（2011—2020年)》《吉林省"十二五"城镇化发展规划》《吉林省主体功能区规划》《深入推进吉林特色城镇化示范城镇建设工作方案》等的相继出台，对于扎实推进吉林省特色城镇化建设、加快产业结构升级、实现振兴发展、消除制约城镇化健康发展的体制机制障碍等作用显著；2013 年"创新、统筹、绿色、开放和安全"五大发展理念的提出，涵盖吉林省社会经济发展的各个方面，是科学发展在吉林省的具体体现，旨在利用科技引领转型，拉长民营经济"短板"，用好生态财富，立足东北亚区域打开合作大门，以及将安全生产作为全局性和基础性的重要工作等，定位吉林省科学发展的新坐标。

2014 年 8 月，《吉林省新型城镇化规划（2014—2020 年)》强调坚持以人为本、城乡统筹、战略指引、突出重点、四化同步、产业优先、生态文明、绿色低碳、文化传承、彰显特色、市场主导、政府引导等基本原则，重点优化城镇化形态格局，有序推进农业转移人口市民化，强化产业就业支撑能力，提高城镇综合承载力，提升城镇发展品质等，还提出发展壮大重要节点城市，加强与沈阳经济区和沿海经济带的合作发展，推动中部城市群和城镇组团联动发展，培育壮大哈长城市群，深入实施长吉图开发开放先导区战略，加快推进对外开放合作，全面提升城市开放水平，逐步探索设立东北亚自由贸易园区，促进面向东北亚区域的开放发展，这对于吉林省开放型城镇化发展具有科学的指导意义[240]。

2015 年 8 月,吉林省通过《关于深入贯彻落实习近平总书记重要讲话精神,加快推进吉林老工业基地全面振兴的决定》,围绕结构调整、体制机制等问题周密部署,积极应对经济发展的下行压力,加快推进全面振兴。

三、区域层面的战略规划

吉林省中部地区尤其是长吉地区自"一五"时期以来就是区域战略政策的叠加高地,成为区域经济发展的中枢与脊梁,如吉林中部城市群规划、长吉一体化、哈长城市群规划、长吉图开发开放先导区、长春市国家创新型试点、长吉产业创新发展示范区、长春新区等,大量的要素流和发展机会聚集于此。

东部地区更多关注珲春—图们江地区的开放开发,自 20 世纪 80 年代中期吉林省专家学者在省政府相关部门的大力支持下,开展对该地区开发开放的研究以来,珲春—图们江地区的开放开发成为热点。1992 年,中俄朝韩蒙共启图们江区域合作开发;1995 年,中俄朝签订《关于图们江地区开发协调委员会的协定》、中俄朝韩蒙签订《关于建立图们江经济开发区和东北亚开发协商委员会的协定》;2008 年,中俄达成"以图们江国际合作开发为契机,推动珲春—哈桑跨境经济合作区建设,共同建立中俄东北亚铁路运输网,打通经符拉迪沃斯托克等港口的跨国陆海联运大通道"的共识;2009 年,批复《中国图们江区域合作开发规划纲要——以长吉图为开发开放先导区》,实施边境与腹地联动开发开放,将沿边开放与内外统筹战略融于一体;2012 年,批准设立中国图们江区域(珲春)国际合作示范区,深入推进图们江开发开放,促进与周边国家特别是俄朝的经贸合作,实现优势互补和互利共赢,探索沿边开放的新路径,保障民族团结和边疆稳定,中朝共启黄金坪和威化岛两个经济区管理委员会,共同开发罗先经济贸易区;2014 年,吉林省与俄苏玛集团签署合作建设扎鲁比诺万能海港(年吞吐量6000 万吨)的协议,对于吉林省"借港出海"战略的实现、中俄国际通道的进一步畅通及图们江跨区域合作等具有重要意义;目前珲春口岸逐渐实现通关便利化,简化通关手续,整合查验环节,提升口岸服务能力,提高通关效率,拓宽向北开放的大通道;2015 年 8

月，"东北最美高铁"——长珲城际铁路正式全线试运行，不仅结束珲春不通旅客列车的历史，方便沿线群众出行，而且与哈大高铁、哈齐高铁、盘营高铁、丹大快速铁路、沈丹客专等连通起来，构成东北铁路快速客运网，进一步完善区域交通运输结构，对于开展与周边各国和省区的经济社会联系、促进区域社会经济协调发展、增强民族团结等意义重大，仅"十一"黄金周期间，就有10多万游客通过长珲高铁来到珲春等。

西部地区强调土地沙化和盐碱化治理、河湖连通工程建设及融入长吉图开发开放先导区等，2014年2月，《吉林省西部生态经济区总体规划》的出台旨在探索社会经济与生态协调发展的新模式，完善国家面向东北亚沿边开放布局，构建东北振兴战略实施的新支点，为生态城镇化与开放城镇化发展提供全新思路。

第三节　经济持续健康发展的"多业"支撑

吉林省依靠种类丰富的土地资源、以非金属为主的矿产资源及特色鲜明的旅游资源等，成为我国重要的农牧业与加工业大省、以汽车产业和有轨车辆为主的制造业大省、科技文教大省和旅游大省，初步建成国家重要的商品粮基地和粮食储备基地，确立汽车、石油化工、交通运输设备制造、食品、医药、电子、冶金建材等在东北地区乃至全国的比较优势，形成汽车产业、石化产业、特色农畜产品加工业、装备制造业、医药建材业、新能源与新材料产业、光电子信息业、纺织服装业和现代服务业等多个产业集群，具有经济持续健康发展的"多业"支撑基础。

一、商品粮生产的基础性地位稳固

吉林省地处松辽平原腹地，土壤肥沃，有机质丰富，适合农作物生长，自然生产潜力较大，且土地资源丰富，地势平坦，利于机械化的推行，气候条件雨热同期等因素促使吉林省农业的良好快速发展。吉林省耕地面积约 7×10^4 平方千米，占到全省土地总面积的 37.43%，人均耕地面积约 2.67 亩，高于全国平均水平 1.14 亩，成为我国重要的粮食产粮大省、商品粮生产基地和世界三大黄金玉米带之一，在保证国家粮食生产和粮食安全方面具有重要的战略地位。2014 年，吉林省粮食产量 3532.84 $\times 10^4$ 吨，占到全国粮食总产量的 5.82%（见图 5 – 11），居全国第四位，仅次于黑龙江省（6004.1 $\times 10^4$ 吨）、河南省（5713.7 $\times 10^4$ 吨）和山东省（4528.2 $\times 10^4$ 吨），粮食单位面积产量全国第一，其中，玉米产量 2775.7 $\times 10^4$ 吨，占到吉林省粮食产量的 78.2%，占到全国玉米总产量的 12.7%，仅次于黑龙江省（3216.4 $\times 10^4$ 吨），人均玉米占有量、出口量和调出量长期处于全国首位，榆树、德惠、九台、农安是国家玉米出口基地和重点商品粮基地，吉林市是玉米带主产区，四平市玉米出口量全国第一等。随着珲春口岸、珲春公路口岸和圈河口岸先后获得国家进境粮食指定口岸资质，对于吉林省粮食进口、粮食产业集聚发展、农业走出去和进境返销粮等意义重大。

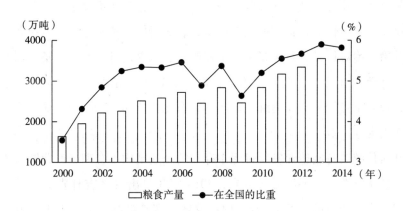

图 5 – 11　2000 年以来吉林省粮食产量及其在全国的比重

基于农业科技优势、气候优势和土地优势，吉林省粮食产品具有品质优势，粮食商品率始终超过 80%，高出全国平均水平约 20 个百分点，年均向国家提供 600 亿斤商品粮，"长白山人参""延边黄牛""双阳梅花鹿""吉林放心肉""吉林健康米"和"查干湖大米"等具有地域特色的地方品牌陆续推出。其中：吉林省人参产量分别占到全国和世界人参产量的80%和70%以上，以品质上乘被誉为中国人参的正宗，"人参精"与"参一胶囊"的科技含量极高，可用作抗肿瘤类新药；黄玉米色泽好，蛋白质和淀粉含量高，适合做工业原料和饲料，颇受南方饲料厂商等消费者喜爱；水稻为一季晚稻，生长期长、雨水适量、昼夜温差大、土质肥沃、干物质积累多，产出的大米味香可口、色泽明亮、营养丰富，2014年，吉林省大米产量1040.74万吨，占全国大米产量的8%，同比增长2.71%，其中价格较高的有机大米外销可观，收入较高，具有品牌优势，如珲春绿色有机的天然含硒米被称为"中国金奖大米"和"优质品牌粳米"，获国家地理标志证明商标等，截至目前，"吉林大米"的6个单品已进驻北京超市100家"京粮码头"和1500家店面，并建立直营店；大豆品种纯正、含油量高，同样深受消费者的欢迎。

二、装备制造业产业竞争优势明显

装备制造业是吉林省的传统优势产业，主要包括轨道交通装备制造、食品加工设备、医疗仪器设备、换热器设备、农业机械装备制造、光电设备、矿山机械及冶炼冶金设备、石化设备、工程机械、风电设备、航空设备、煤炭综采等产业部门，形成"一汽"集团、长客股份集团、吉林昊宇石化等一批重点骨干企业和重点产品，成为继汽车产业、石化产业和农产品加工业之后的吉林省第四大支柱产业。

针对传统装备制造业发展过程中存在的产业结构不合理、产业链条不完整及高端装备制造业发展滞后等问题，2014年8月出台《吉林省关于加快建设装备制造支柱产业的意见》，旨在加快发展高端装备制造业，大力提升传统装备制造业，积极培育特色装备制造业，着力强化基础配套装备制造业。近年来，吉林省装备制造业取得长足发展，产业规模不断扩大，技术工人的人均比例位居全国第一，产业集群初具规模，绝大多数骨干企业和产业特色突出的装备制造业产业园区纷纷落地，经济效益不断提升，截至2014年底，吉林省装备制造业实现增加值600.29亿元，同比增长9.1%。

轨道交通装备制造产业作为吉林省装备制造业发展的领军行业，2015 年前三个季度实现工业总产值 235 亿元，其中：中车长春轨道客车股份有限公司（简称长客股份，前身是长春客车厂，始建于 1954 年）累计完成工业总产值 219.9 亿元，同比增长 29.2%，成为我国规模最大、实力最强的轨道客车研发、制造和检修基地，是我国地铁和动车组的摇篮，拥有世界一流的高速动车组系统集成、车体制造业技术及城轨车制造技术等，其生产的轨道车辆在国内市场的占有率超过 50%，在国内同类同行业中具有很强的竞争力，同时也是我国规模最大、实力最强的轨道车辆出口基地，产品已出口至美国、澳大利亚、新加坡、泰国、巴西等 18 个国家和地区，出口车辆累计近 6000 辆，并在国外设立多个子公司和办事处。

三、旅游产业发展的区域特色鲜明

优良的生态环境是吉林省旅游产业品牌塑造和潜力提升最宝贵的财富、最突出的优势和最大的特色。根据旅游资源普查资料，吉林省共有 20719 个旅游资源单体，包括 8 个主类、30 个亚类和 144 个基本类型（自然旅游资源 62 个，人文旅游资源 82 个)[247]，A 级以上景点 55 个，其中 5A 景点 5 个，4A 景点 21 个，3A 景点 22 个，2A 景点 7 个，自然保护区 36 个，总面积 223 万公顷，国家级自然保护区 13 个，涉及冰雪旅游、乡村游、自助自驾游、节庆活动、温泉养生、人文景观、休闲度假、历史遗迹、漂流旅游、展馆旅游等多个主题项目。

根据吉林省旅游资源的空间布局特征，大致分为中部民族历史文化和冰雪旅游区、东部长白山自然景观和边境旅游区、西部草原湿地生态旅游区，包括伪满皇宫、净月潭、长春电影制片厂、莲花山、莫莫格、向海、拉法山、哈达山、红叶谷、珲春八景、锦江大峡谷、高丽城址、长白山等多个旅游景点，长春瓦萨国际滑雪节、长白山冰雪旅游节、吉林雾凇冰雪节、吉林长白山红叶旅游节、延吉国际冰雪旅游节、集安高句丽文化旅游节、查干湖冰雪渔猎文化旅游节、敦化国际冬泳邀请赛等驰名中外，与国内其他旅游资源相比，更加具有区域特色和比较优势。另外，根据国家住建部和国家旅游局统计，吉林省共有

20 个特色景观旅游名镇，如二道白河镇是"长白山下第一镇"和"美人松故乡"，敬信镇拥有"俯视三疆"的独特区位条件，向海乡是远近闻名的丹顶鹤的故乡等，知名景点周边的特色景观旅游小城镇依托当地的区位条件、资源特色和生态优势迅速发展，年接待人数不断增多，旅游产值对 GDP 贡献率逐年增加，旅游产业地位不断提升，能够满足不同旅游者的多样化需求，具有十分明显的潜在竞争力，成为加快城乡统筹、增加农民收入、提高旅游经济发展水平、实现就地城镇化的重要举措。

四、医药健康产业的发展态势良好

吉林省药用资源品种丰富（如白城的甘草、蛟河的五味子、安图的桔梗、双辽的麻黄、东丰的北柴胡等），知名医药企业众多（如修正、万通、敖东等），以长春市为龙头培育形成医药产业集群，依托长白山中药材资源、现代中药技术和生物制药技术，大力发展现代中药与生物制药工业，建立集中药种植、研发、试验、生产于一体的标准化产业体系，成为国家重要的中药现代化科技产业基地、生物技术产业基地和医药出口基地，具有一定的基础优势和市场竞争力。

截至目前，吉林省已建成或即将建成两个医药城（通化医药城、延边敖东医药城）、4 个产业园（长春高新生物医药科技产业园、通化医药科技产业园、延边敖东医药科技产业园、长白山生态健康科技产业园），以及 12 个基地县（通化县、辉南县、安图县、汪清县、抚松县、长白县、靖宇县、双阳区、东丰县、敦化市、舒兰市、东昌区）。其中，长春市建成长春中药现代化科技产业园和生物制药科技产业园；通化市形成以医药工业为龙头，医药工业、医药流通、医药科研、医药教育和中药材基地五位一体的产业格局；敦化市有着全国中药十强企业之一的吉林敖东集团；蛟河市引进长白山制药和关东药业等，其主打产品康艾注射液供不应求；白城市初步形成洮南市中西药生产开发基地和白城医药工业园区，心脑舒通和野马追片为国内首创，地产甘草、蒺藜、火绒草、麻黄草等中草药材 100 多种，年开采量达数千吨等。

在经济下行压力增大、稳增长形势严峻的大背景下，吉林省医药健康产业飞速发展，逆势上扬，2011～2014 年经济规模先后迈上 1000 亿元、1500 亿元、2000 亿元和 3000 亿元四个台阶，年均增幅 37%，提前实现"十二五"规划的发展目标。2014 年，医药健康产业实现增加值 502.26 亿元，比上年增长 15.4%，增长速度在吉林省八大重点产业中位居首位（见图 5－12），成为吉林省发展态势最好的产业部门。根据吉林省工业和信息化厅医药工业处统计数据，2015 年前 11 个月吉林省医药健康产业持续较快增长，实现增加值 478.5 亿元，同比增长 12.5%，增速超过全省平均水平 7.3 个百分点，销售保持平稳增长，基本实现产销同步增长，医药产业出口交货值 17.5 亿元，同比增长 19.4%。

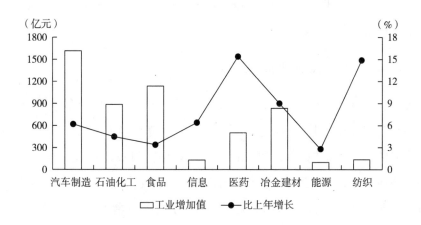

图 5－12　2014 年吉林省重点产业工业增加值及其增长速度

数据来源：吉林省 2014 年国民经济和社会发展统计公报。

五、建筑产业的持续健康稳定发展

经过多年的沉淀和发展，吉林省建筑产业拥有雄厚的产业基础，成为农村转移富余劳动力的重要就业渠道和农民增收的主要来源之一，超过 80% 的农民工从事该行业，建筑力工和技工收入远远高于城镇居民人均可支配收入的平均水平。2014 年，吉林省建筑企业实现增加值 897 亿元，同比增长 6.7%，上缴税金 120 亿元，占到地方财政收入的 15.7%，具有资质等级的总承包和专业承包建筑企业实现总产值 2520.9 亿元，同比增长 14.0%。根据《关于加快发展建筑支柱产业的意见》，到 2020 年，吉林省建筑要完成产值 6000 亿元，上缴税金 330 亿元，建筑业从业人员 150 万人，逐渐向现代建筑产业转变，推广"绿色牌"和"生态牌"，实现多业并举和多元化发展。

目前，吉林省建筑产业已经形成具有鲜明地域特色和产业特点的骨干民营企业集群，现有建筑企业 3630 户，总承包企业 1748 户，专业承包企业 1882 户，其中产值过亿元的企业 530 户，产值超过 10 亿元的企业 38 户，超过 20 亿元的企业 13 户，超过 50 亿元的企业 2 户。建筑产业同时也是吉林省国民经济发展的先导性产业，与房地产业的发展形成良性互动，有效促进建材、机械制造、现代物流和钢铁等相关产业的发展。据统计，2014 年建筑产业拉动相关产业产值近 4700 亿元。

六、信息产业发展的创新引领性强

吉林省信息产业虽然起步较晚，但是目前已初步形成以汽车电子、电力电子、新型元器件和光电子为特色的产业格局，建立长春国家级汽车电子产业园和国家光电子产业基地[248]，建成吉林省地理信息科技产业园，建设公主岭、汪清、梅河口等 14 个县级城市数字城市地理空间框架等，所有地级城市的数字城市项目全部完成立项。2014 年，吉林省信息产业增加值 129.73 亿元，比去年增长 6.4%，贡献率 4.0%。

吉林省通过与国家测绘地理信息局签订《推动民用遥感卫星和地理信息产业发展战略合作框架协议》，制定一系列卫星产业化推广应用政策，加快地理信息产业快速发展，使之服务于全省经济社会和民生发展的各个领域。2015 年 10 月 7 日，由长光卫星公司研制的"吉林一号"卫星发射成功，这是我国第一个自主研发的商用高分辨率遥感卫星，也是我国第一个以省命名的卫星，广泛用于国土资源监测、智慧城市建设、土地测绘等多个领域，在吉林省产业结构调整中扮演重要角色，未来将在 2030 年前发射 138 颗卫星，组成大型卫星星座，建立航空信息产业链条，带动吉林省工业经济快速发展，加快吉林省迈入科技大省的行列中。

第四节　东北亚区域开放的独特区位条件

20 世纪 90 年代以后，吉林省依靠面向东北亚区域较为独特的区位条件，积极开展对外经贸活动，不断改善进出口商品结构，对外开放水平显著提高，内外资的引进和利用连续翻番，进出口贸易总额屡创新高，整体上呈现递增态势，2007 年，首次突破 100 亿美元，实现历史性突破，2014 年累计实现外贸进出口总额 263.78 亿美元，比去年增加 2.1%，如图 5-13 所示。

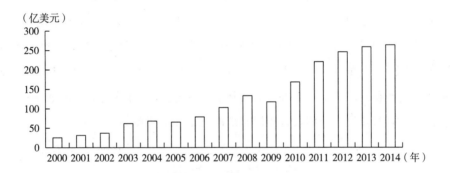

图 5-13　2000 年以来吉林省进出口贸易总额变化

截至目前，吉林省先后与 155 多个国家和地区开展官方交往和经贸合作，与 24 个国家的 52 个省、州、城市建立国际友好关系，与英中贸易协会、欧盟商会等国际知名商会及马来西亚中华总商会、菲律宾华商会等海外华侨华商形成密切联系，美国嘉吉、百事可乐、沃尔玛，日本丰田、丸红，德国奥迪、西门子、大众，韩国锦湖轮胎、大宇等一批世界 500 强跨国企业纷纷落户，由此来看，吉林省开放型经济发展较为迅速[249]。

一、边疆近海的地缘区位

吉林省作为我国 9 个边境省份之一，地处俄、朝、韩、日、蒙与东北经济区组成的东北亚腹心地带，位于大图们江经济区和东北亚经济区的几何中心，紧邻日本海，边境线总长 1438.7 千米，其中中俄 232.7 千米、中朝 1206 千米，包括 10 个边境县市，具有开展面向东北亚区域合作的边疆近海地缘区位优势，拥有 9 个国家一类口岸、7 个国家二类口岸、3 个地方二类口岸和 1 个公务通道，战略地位十分突出，在联合国计划开发署（UNPD）支持的图们江地区国际合作开发中居于重要地位[203]。

二、相对重要的过境省份

吉林省中心区位优势明显，是我国重要的过境省份，通过积极开展过境桥梁和口岸公路的建设，开发陆海联运航线，实施"借港出海"工程，目前初步形成对蒙、对俄、对朝、对日、对韩等的国际通道运输体系（见表 5－2）。其中：长春市作为东北亚区域国际化大都会和近海沿边开放城市，地处黑、吉、辽、蒙四省区通衢的十字要冲及通向远东地区的十字枢纽地带，北经黑龙江向俄罗斯乃至东欧各国拓展，南连辽东半岛的对外出海口，西与蒙古国交往，东经珲春通往朝、俄、韩、日等国，是中蒙国际通道上最强的战略节点，享有国家沿海开放城市和长吉图国家战略的诸多优惠政策。

表 5－2　吉林省国际通道运输体系

方向	公路通道	铁路通道	陆海联运通道
对蒙	珲春—乌兰浩特（G12 高速铁路）—阿尔山—乔巴山公路	珲春—图们—长春—白城—阿尔山—乔巴山	—
对俄	珲春市区—长岭子口岸—扎鲁比诺港公路	图们—珲春—卡梅绍娃亚—扎鲁比诺港铁路	—
对朝	珲春市区—圈河—罗津港公路	图们—罗津港铁路 图们—清津港铁路 珲春—甩湾子—沙坨子口岸—罗津港铁路	—
对日	—	—	珲春—扎鲁比诺港—新潟港航线

续表

方向	公路通道	铁路通道	陆海联运通道
对韩	—	—	珲春—扎鲁比诺港—新潟—束草港环日本海航线 珲春—扎鲁比诺港—釜山港航线 珲春—扎鲁比诺港—束草港航线

资料来源：根据调研资料整理。

图们江口是中国与朝、俄两国开展经济联系的先导区，是我国内陆进入日本海的最近水上通道，其中珲春作为丝绸之路经济带与海上丝绸之路的重要节点城市，处于东北亚经济区的几何中心，距日本海 15km，距俄罗斯波谢特湾4km，珲春四个口岸均能通过公路或铁路与空间距离较近的清津、罗津、扎鲁比诺、海参崴等多个港口对接。自2013年12月"珲马铁路"（珲春—马哈林诺）常态化运输以来，越来越多的企业借此进出口货物，货物种类由单一的煤炭扩展到煤炭、板材和铁精粉等，截至2015年底，进出口总量突破100万吨，进口商数量增长4倍，铁路口岸逐渐步入快速发展轨道。

三、开放平台的不断建设

（一）长吉图开发开放先导区

2009年11月18日，《中国图们江区域合作开发规划纲要——以长吉图为开发开放先导区》正式发布，包括长春市城区、德惠、九台、农安、吉林市城区、蛟河、永吉及延边州这一区域范围，地处新欧亚大陆桥中心和东北亚区域地理几何中心，以长吉为直接腹地，以延龙图为开放前沿，以珲春为开放出口，形成腹地、前沿、窗口功能协调、有效互动、有机联结的空间布局。长吉图开发开放先导区是我国唯一一个沿边开发开放区域规划和吉林省"国字号"战略，成为吉林省改革开放新阶段的重要标志，利于加快沿边社会经济发展的边疆地区的民族稳定，建成现代农业示范基地、新型工业基地、现代物流基地和科技创新基地等，形成东北地区新的经济增长极，提升沿边地区的对外开放水平，依托长吉图产业基地，以珲春边境经合区为窗口，打造东北亚经济技术合作的重要平台，对于东北亚国际合作影响深远。2012 年 4 月，国务院批复设立中国图们江区域（珲春）国际合作示范区，包括边境贸易合作区、国际产业合作区、中朝经济合作区与中俄经济合作区，标志着图们江地区的国际合作与珲春开发开放进入新阶段，将为沿边地区的对外开放发展注入强大动力。

（二）长春兴隆综合保税区

2011 年 12 月 16 日，长春兴隆综合保税区正式获批，成为我国第 19 个综合保税区，位于长吉图开发开放先导区的核心位置，公路、铁路、航空三位一体的综合交通优势明显，珲乌高速公路、京哈公路、京哈高速、京哈铁路、长吉图铁路、哈大高铁等穿境而过，距龙嘉国际机场 10 分钟车程，距大连、营口、丹东等出海口 4～6 小时车程，辐射东北亚的国际物流通道已经打通。长春兴隆综合保税区具备保税加工、服务贸易、货物贸易和口岸通关等功能，旨在提升吉林省经济外向度，以区域市场为导向，以现代服务业、高端制造业和特色产品加工业为核心，依托国家战略创建辐射东北亚区域各国（中、俄、朝、韩、日、蒙）的对外开放新窗口，构筑国际贸易通关与技术经济合作的新平台，自 2014 年 3 月 13 日正式运营以来，长春兴隆综合保税区实现业务额 1.85 亿美元，报关单 3800 份，出口小包 100 万件，业务逐渐开展至 180 多个国家和地区。

（三）中新食品园区

中新食品园区位于吉林市，是中新两国继苏州工业园和天津生态城之后又一高度关注和支持的合作项目，于 2008 年 10 月 24 日达成建设共识，2013 年 7 月 22 日正式签约组建，资源禀赋突出，区位优势明显，电力水源充足，政策环境优越，至今包括新加坡淡马锡公司、新加坡新翔集团、新加坡吉宝讯通公司、北京二商集团、中信集团、中粮集团、德国巴斯夫集团、泰国正大集团等在内的多个国内外知名企业纷纷投资落户。中新食品园区以食品质量和食品安全为主题，旨在构建从田间、养殖场、安全健康食品的研发和加工到消费终端的完整产业链，建设国际一流的安全健康食品生产加工国际合作园区，利于提升吉林省农业产业发展的国际化层次，探索建立新型食品质量安全监管模式，便于探索建立吉林省新型体制机制运作模式，实现新加坡创新发展理念和管理经验的软件转移，为新加坡参与长吉图先导区建设和东北亚区域国际合作创造平台。

（四）长吉产业创新发展示范区

2015 年 2 月 3 日，为主动融入"一带一路"倡议，提升吉林省在东北亚区域合作中的地位，决定设长吉产业创新发展示范区，规划控制区总面积 3710 平方千米，包括长东北（1784 平方千米）和吉林市产业发展示范区（1926 平方千米），2016 年 1 月 8 日，示范区管委会在北京市召开《长吉产业创新发展示范区总体规划（2015—2030)》专家论证会，旨在推动示范区建设能够在科学论证、科学规划基础上实现科学发展。长吉产业创新发展示范区既包括创新产业、国际物流、精细化工、通用航空、医药健康、生态农业、高端装备制造等专业园区，也包括空港经济、保税物流、温泉休闲度假、软件外包等现代服务业，对于长吉两市的联动发展、哈长城市群的形成、中部转型核心区的充实完善等具有重要意义。以开放和创新为主题，以全球视野主动融入"一带一路"，充分利用兴隆综合保税区优势，构建吉林省开放型经济体系和对外物流新通道，大力发展外向型企业，引进国外资本和技术等高速要素，引导吉林省高等院校和科研机构等与东北亚及世界各国开展科技合作，形成东北亚科技创新中心等。

（五）中国—东北亚博览会

中国—东北亚博览会是继广交会、高交会、厦洽会、科博会和东盟博览会之后我国第六个国家级展会，是世界上唯一由东北亚六国（中、朝、日、韩、蒙、俄）共同参与并且面向全球开放的国际性综合博览会，以开放互信、共谋发展、开创东北亚合作新愿景为主题，是东北亚政府间对话交流的重要渠道、区域经贸合作的重要平台、人文交流的重要通道、图们江区域合作开发的重要载体及东北地区对外开放的重要窗口，加速东北老工业基地的振兴步伐。中国—东北亚博览会自 2005 年 4 月获批以来已成功举办十届，取得显著成效，涉及世界 130 多个国家和地区的 52 万名专业客商参会，累计签约合作项目 2169 个，投资总额超过 12733 亿元，包括基础设施、现代服务业、生物医药和新能源等多个产业领域的重大项目落户吉林。

另外，东北亚经济合作论坛、长春国际汽车贸易博览会、长春国际农业·食品博览（交易）会、长春国际雕塑作品邀请展、长春国际电影节、首尔吉林省旅游体验展示中心等也为吉林省开展面向东北亚的区域合作交流建立开放平台。

第五节　老工业基地全面振兴的鼎力支持

根据国内国际形势的发展变化和老工业基地不同发展阶段存在的不同问题，国家相继提出许多有针对性的老工业基地全面振兴战略政策与科学决策，更多强调"自我造血"功能[250]。

一、《全国老工业基地调整改造规划》

为了巩固和深化 2003 年以来东北等老工业基地的十年振兴成果，适应统筹推进、攻坚克难的新阶段，2013 年 3 月中国政府制定了《全国老工业基地调整改造规划》，全面分析老工业基地振兴取得的成就和存在的问题，以全国 120 个老工业城市为规划范围，包括 95 个地级城市和 25 个直辖市、市辖区和计划单列市，将工作重点由以东北地区为主转向全国老工业城市，对于推进新型工业化和建设创新型国家、推进新型城镇化和区域协调发展、构建资源节约型和环境友好型社会、保障和改善民生及扩大内需等具有重要意义，成为今后一段时期内老工业基地调整改造的行动纲领。

《全国老工业基地调整改造规划》坚持全面推进与分类指导相结合，针对不同发展态势的老工业城市，明确改造任务和政策取向；坚持产业结构调整与城市功能完善相结合，提升产业竞争力，优化城市内部空间布局；坚持政府引导和市场取向相结合，采取有效措施解决制约市场机制作用发挥的体制机制问题；坚持自力更生与国家扶持相结合，深入挖掘内部潜力，加强国家政策支持，将产业竞争新优势的再造和城市综合功能的全面提升作为主攻方向，将绿色发展和创新能力的增强作为着力点，将民生改善作为根本出发点与落脚点，打造国家重要的新型产业基地和重要增长极。

二、《全国资源型城市可持续发展规划》

考虑到当前国际政治经济的不稳定性、不确定性及国内经济发展的不协调性、不均衡性等问题，曾为国民经济做出历史性贡献的资源型城市面临严峻挑战，经济发展方式的转变任务十分艰巨。随着我国进入全面建成小康社会的决定性阶段，迫切需要对资源型城市的可持续发展问题进行统筹规划、协调推进。

2013年11月，中国政府针对全国262个资源型城市制定《全国资源型城市可持续发展规划（2013—2020年）》，提出加快转变经济发展方式是主线，从根本上破解体制性和机制性矛盾，建立可持续发展的长效机制，努力化解历史遗留问题；坚持分类引导成长型、成熟型、衰退型和再生型城市的科学发展（见表5-3）；坚持有序开发和高效利用，实现与城市经济社会协调发展；依托城市产业基础发展接续替代产业，实现产业多元化发展；破除城市二元结构，完善基本公共服务，切实保障和改善民生；将生态文明置于突出位置，加强环境治理和生态保护，解决生态环境问题；加强基础设施建设和软环境建设，营造良好的发展氛围；建设可持续发展的政策体系，做好规划的贯彻落实等。

表5-3 资源型城市的类型划分与科学发展

类型	资源开发阶段	主要措施
成长型城市	上升阶段，资源供给和后备基地	规范资源开发秩序，提高企业准入门槛，确定开发强度，提高深加工水平，推进新型工业化
成熟型城市	稳定阶段，资源安全保障的核心区	高效开发利用资源，延伸产业链条，调整升级产业结构，形成支柱接续替代产业，重视环境问题和民生工作
衰退型城市	资源趋于枯竭，经济发展方式转变的重点和难点区	破除城市二元结构，促进失业矿工再就业，推进棚户区改造，大力扶持接续替代产业发展
再生型城市	基本摆脱资源依赖，经济发展方式转变的先行区	提升经济发展的质量和效益，深化科技创新水平和对外开放，加快发展现代服务业，提高城市品位

三、《关于近期支持东北振兴若干重大政策举措的意见》

2014年8月，针对目前经济增速持续回落、部分行业生产经营困难、深层次体制机制和结构性矛盾愈发凸显等新的挑战，为了进一步巩固东北振兴成果，努力破除发展难题，中国政府出台《关于近期支持东北振兴若干重大政策举措的意见》，旨在依靠内生发展推动东北经济提质增效升级，具体包括激发市场活力、深化国企改革、加快创新驱动、提升产业竞争力、增强农业可持续发展能力、推动城市转型、加快重大基础设施建设、切实保障和改善民生、加强生态环境保护、全方位扩大对外开放及强化政策保障和组织实施等内容，分别针对东北三省的振兴策略提出具体措施，其中针对吉林省的政策举措如布局综合极端条件试验装置、做强信誉较好的玉米深加工企业、鼓励开展非粮生物质资源高端化利用、支持西部实施土地整治重大工程、对仓容紧张地区进行跨省移库腾仓、推进国道203线吉林段、开展油页岩综合开发利用示范工程、加快西部盐碱化治理工程、提升中新食品园区合作层次等，这对于吉林省更好地适应新常态、东北地区走向全面振兴及中国经济支撑带的培育具有重大意义。

2015年8月，为了贯彻落实上述意见的有关部署，国家发改委安排5000万元专项资金重点支持东北地区社会民生、生态环境和基础设施等领域开展项目可行性研究和实施方案研究，这也是国家第一年安排专项资金支持东北振兴重大项目前期工作。

四、《关于全面振兴东北地区等老工业基地的若干意见》

为了适应新常态带来的新变化，加快培育经济发展新的增长点，2015年12月，审议通过《关于全面振兴东北地区等老工业基地的若干意见》，对2020年乃至更长时期东北振兴工作进行总体战略部署，争取再用十年建成全国重要的经济支撑带、国家新型原材料基地、现代工业基地和技术创新与研发基地，以及具有国际竞争力的重大技术装备基地和先进装备制造基地。《关于全面振兴东北地区等老工业基地的若干意见》强调，当前和今后一个时期是老工业基地全面振兴的关键期，应牢固树立创新、协调、开放、绿色、共享理念，适应并把握经济进入新常态的趋势性特征，加大供给侧结构性改革力度，提升发展活力、内生动力和整体竞争力，在深化国企改革、推进传统产业升级、加快城市转型、培育新兴产业及支持民营经济发展等方面取得重大进展，经济发展保持中高速增长，同步实现全面建设小康社会的目标，成为继 2003 年《关于实施东北地区等老工业基地振兴战略的若干意见》、2007 年《东北地区振兴规划》、2011 年《东北振兴"十二五"规划》之后的第四个东北地区振兴规划。

第六章　吉林省新型城镇化发展的
路径选择

　　新型城镇化作为一个涵盖经济、社会、自然、生态、环境等多方面的复杂系统工程，其实现需要循序渐进的长期过程，必须尊重客观经济规律。吉林省新型城镇化发展的路径选择既区别于我国一般意义上的新型城镇化和老工业基地振兴十年间的新型工业化，又区别于国外发达国家的再城市化和再工业化，具有特殊性，新型城镇化的"新"应从该地域城镇化的本义出发，采取超常规措施，针对计划经济体制下传统城镇化发展的制约瓶颈，以经济发展质量和经济发展效益为重心，着眼于产业结构调整和城市功能完善相结合，实现路径创新，与市场完全对接，在阵痛中寻找新生，摆脱速度情结，强调内涵式更新，旨在增强区域内生动力、自主创新能力和整体竞争力，消除新常态下的各种"不适应"，为经济社会发展相似地区（如传统老工业基地、欠发达地区、粮食主产区、旅游大省、资源型区域等）新型城镇化的路径探寻提供参考借鉴。

第一节　吉林省新型城镇化发展的体制机制改革

　　人口管理制度、土地制度、住房制度等对于国内其他地区新型城镇化的顺利推进影响显著。与其不同，计划经济体制的根深蒂固是吉林省新型城镇化发展的最大障碍，长期的政策资金支持与思维惯性造成"等靠要"的路径依赖，降低了社会经济运行效率，难以适应市场化大潮，未来必须改变计划经济发展定势，加快以国企改革和行政审批制度改革为核心的计划经济体制改革，妥善解决历史遗留问题，完善现代企业制度，发展混合所有制经济，推进政府职能由管理型向服务型转变，对政府与市场的作用保持清醒认识，依托开发开放基础，利用经济优势、资源优势和区位优势，全面对外开放，加强对外交流与合作，增强区域发展活力。

一、国有企业改革

2014 年，吉林省国有企业单位数 68 个（包含 23 个中央企业和 45 个地方企业），总产值 4779.27 亿元，占到全省工业总产值的 20.31%，利润总额 660.92 亿元，占到全省利润总额的 45.71%，在吉林省经济社会发展过程中扮演重要角色。改革开放以来，吉林省国有企业改革取得重大进展，经济收益和运行质量明显提升，但是，仍然存在现代企业制度尚不健全，国有资本运行效率相对较低，市场主体地位没有真正确立等问题。面对未来日趋激烈的国际竞争及转型升级的巨大压力，国有企业改革应成为计划经济体制改革过程中最关键和最核心的环节，必须紧密围绕《国务院关于深化国有企业改革的指导意见》这一顶层设计路线，坚持问题导向，有效激发国有企业的内在动力，切实增强国有经济发展的活力，切实破除体制机制障碍。

首先，加大支持力度，出台相关政策，妥善解决国有企业改革的历史遗留问题，包括大而全、小而全、企业办社会、厂办大集体和离退休人员社会化管理等。主动减量、做好增量、盘活存量，加快国有经济布局和战略性调整，实现重点行业骨干企业的战略性兼并重组，借助国家工业企业结构调整专项奖补资金，加大力度分类处置"僵尸企业"①，对不符合环保、质量、安全、能耗

---

① "僵尸企业"是指虽然无望恢复生气，但是由于政府、银行、资本市场的支持免于倒闭的负债企业，多来自钢铁、石化、水泥、煤炭等重资产行业，具有依赖性强、长期性"吸血"、占用大量社会资源、经济效益差等特点，消耗原本可以投入新兴产业部门的资本、劳动力和贷款等，一定程度上拖垮状态较好的竞争对手，而放弃对"僵尸企业"的救助，可能使社会局面更糟，因此还具有绑架勒索的特征。

标准和长期亏损的产能过剩企业关停并转，对持续亏损三年以上且不符合结构调整方向的企业实施产权转让，对支柱产业中的企业既要清理也要有所保留，推动其日趋合理发展，对符合创新、环保等国家标准却表现不佳的企业加大扶持力度，避免富有活力的企业丧失成长机会。健全管理经营者的市场选聘机制，实施公开招聘、竞争上岗，建立适应市场要求的激励机制和约束机制，实行与市场经济相适应的薪酬分配制度，充分调动职工积极性，形成各负其责、有效制衡、协调运转的运行机制。全面推进中央企业移交供电、供热、供水和物业管理工作，移交企业办社会职能，推进国有资本向关系国民经济命脉的关键领域集中，培育具有较强国际竞争力的大型企业集团，推动国有企业改制上市，推进公司制股份制改革，逐步调整国有股权比例，通过股权多元化等方式进行重新整合，推进"债转股"股权处置，有效解决历史欠税问题，提升运行效率。

其次，完善现代企业制度，实施"一企一策"，推进国有企业发展混合所有制经济，建立科学管理机制和现代产权制度，引导企业产权与家族财产分离，加强对混合所有制企业的规范管理和科学指导，支持混合所有制企业的管理层、技术骨干和员工通过控股、参股、并购等形式，参与国有企业的改制重组、基础设施建设和公共服务事业。发挥政策性引导作用，引入非国有资本参与国有企业改革，积极推广政府与各类新型社会资本合作模式，建设政府与社会资本合作试点，稳妥推进混合所有制员工持股，建立约束激励长效机制，活跃资本流动。健全面向中小企业的服务体系，加快建设创业孵化基地，全面实施中小企业成长工程，重点培育科技型、资源加工型、配套型及外向度高的小型巨人企业，壮大核心竞争力强、主业突出的民营企业集团和龙头企业，增加上市公司，推动中小企业快速提升，促进实体经济发展，提高市场化程度，增强民营企业发展的内生动力。

二、行政审批制度改革

行政审批制度改革作为管理体制改革的一项重要内容，是更好发挥政府作用的重要途径，是完善市场经济体制、从源头上预防与治理腐败的根本举措。

吉林省行政审批制度改革已经取得不少进步，呈现出一定的模式效应，行政审批效率得到提升，如2002年省政府成立政务大厅，设立包含46个部门、896个行政审批项目的服务窗口，2004年在省农委、建设厅、卫生厅等部门展开行政审批权相对集中改革的试点工作，创新行政审批方式，2006年全面推广行政审批权相对集中改革，采取"并联审批、统一收费和限时办结"的审批模式等，但由于部分部门对改革的认识不高、审批职责划转不彻底、大厅窗口只负责受理、"大厅之外无审批"没有真正得到落实、审批工作人员不确定等，致使政府的行政审批管理方式与手段改革尚不到位，影响投资者的决心和信心，行政审批改革工作与目标要求相差较远，对于作为老工业基地的吉林省而言，受计划经济体制影响深，政府职能转变和政府管理创新显得尤为紧迫。

未来应在大部制机构改革背景下，加快集权与适度分权相结合，重构政府组织结构，整合集中业务雷同、职能相近的部门，降低职能交叉和权限冲突，有效解决行政审批职责划转的阻力，提高行政办事效率，推动行政审批改革不断深入。开展行政审批改革的监督检查制度，推进政务公开，运用民主的方式处理问题，对执法不严、有法不依的现象进行有效制约。审批权完全交至审批办，业务处室不再承担审批工作，减轻过往冗杂的审批事务压力，充分发挥政府部门的服务职能，避免"前店后厂"和办件比例低。提升行政机关公务员的素质，完善竞争激励机制和勤政廉政机制，保持审批人员的相对稳定，审批人员与原处室脱钩，针对行政审批制度改革中的技术性问题进行业务培训，做好市州、县市区改革进程的调度，协商解决改革过程中遇到的问题，确保全省行政审批制度改革全部落实到位。科学调整和取消行政审批项目，市场机制能够调节的经济活动，取消行政审批，直接面向基层、地方管理更方便的社会事项，行政审批下放地方，企业投资项目中除威胁国家安全、涉及战略性资源开发和重大生产力布局等项目，取消行政审批，由企业依法自主决策。

三、政府职能转变

首先，加快政府职能由管理型向服务型转变，强化全方位组织协调和监督管理评估，避免越位错位缺位。政府作为城镇管理的主体，应通过组织协调、宏观指导和监督调控等职能，建立统一协调的新型城镇化管理体系和政绩考核机制，有效改善城镇环境，调解新型城镇化发展进程中的社会矛盾与城乡矛盾，保证社会稳定，维护社会秩序，严肃处理危害社会安全和群众利益的不正当行为，打击各类犯罪行为，保障人民生活安康，加快服务型政府建设，实现对新型城镇化健康发展的有限干预，引导和教育民众规范环境保护行为，提高清洁生产、节约资源、保护物种等的生态城镇化意识，促进城镇发展的良性循环等。

其次，对政府和市场的作用保持清醒认识，坚持以政府为引导，突出政策制定、环境营造、规划引领和基础设施建设等职能，树立正确的政绩观和科学的发展观，改进政府的传统行政手段运用，从"大水漫灌"到"精准发力"，缩减审批流程，避免政府越位和缺位，杜绝面子工程、形象工程和豆腐渣工程，重视城镇化质量的提升，提出切合实际的城镇发展目标与规划框架，引导高效利用闲置土地资源，加大财税支持力度，与时俱进，不断适应新常态。遵循市场规律，坚持市场化运作，充分发挥市场在资源配置中的决定性作用，将市场能够解决的问题尽可能地交于市场和企业完成，实现经济集聚效应，建立多元化融资机制，吸引域外资金和战略投资者参与城镇开发与建设，鼓励社会民间资本参与新型城镇化建设尤其是农业转移人口市民化，实施公平高效的土地确权，建立集体土地流转交易平台，将土地作为资本要素在市场上自由流通，实现农村土地资本化，体现其应有的市场价值，拓宽新型城镇化投融资渠道等。

第二节 吉林省新型城镇化发展的产业结构调整

吉林省城镇化进程是在片面追求工业化发展基础上形成的畸形城镇化过程，长期依靠自身丰富的"原字号"能源材料和装备制造，陷入对重型化的

"锁定"状态，但随着能源资源的枯竭衰减、重化工业需求的日渐饱和、原材料价格的持续下跌及创新能力的连续下滑等，吉林省较为单一的传统产业部门竞争优势逐渐下降，对经济发展的基础支撑作用不断减弱，在全国地域分工体系中愈发处于不利地位，急需转型与升级。未来，应在全方位加快创新驱动战略的基础上，依据地域分工理论和比较优势理论，以市场需求为导向，以产业联动为方向，形成优势互补、分工明确、布局合理的产业格局，积极促进产业结构的合理化与高级化，再造产业竞争新优势。

一、全方位加快创新驱动发展战略的转变

（一）减少人才"东南飞"，实现人才"闯关东"

人才是创新的根基，创新驱动的实质是人才驱动。

第一，吉林省各级政府部门和企事业单位必须充分尊重和信赖人才，明确人才是经济社会提速转型的中流砥柱，将人才放在优先位置，改变传统思想观念，弘扬创新文化理念。

第二，利用吉林省丰富的技术基础与智力资源优势、相对完善的人才保障体系及地缘国际合作支撑体系，在《关于促进高技能人才成长的若干意见》支撑下，加快高技能人才的选拔，加强职业技能培训。

第三，创造良好的就业创业环境，鼓励毕业生就地从业，彻底清除论资排辈的就业体制，完善人才激励机制，为优秀人才提供成长和发展空间，更大程度地实现自身价值，增强归属感和责任感，加大资金投入，建立经济利益激励机制，避免人才流失。

第四，营造良好环境，做好基本公共服务和社会福利保障工作，提高工资待遇水平，促进国内、国际科技合作，激发知识、技术和管理等科技资源的活力，推进国内知名高等院校在吉林省设立分支机构，吸引世界500强企业落地，成立国家级朝鲜语培训试验基地，打造小语种文化产业，吸引国内外优秀科技人才。

（二）提升自主创新能力，培育战略性新兴产业

创新政策环境和市场意识，加强部门之间政策制定与实施的配合力度，加

强以知识产权保护为依托的产学研结合的科技合作，提高优秀科技成果的本地转化率，以长春市和吉林市两个国家级高新技术产业开发区为主要载体，发挥信息技术的先导作用和产业化基础，形成全省高新技术产业集群，实施一批以推动结构调整、增加效益、提升产业竞争力的重大高新技术专项为依托的自主知识产权掌控平台，引导集成研发、成果转化、孵化，优化产业发展环境，加速有优势特色高新技术产业集群的发展。重点推进生物医药、光电技术、先进制造技术、信息技术、新材料、机电一体化、精细化工等产业部门发展，形成国内领先的高新技术产业研发和生产制造基地。

（三）紧跟城市创新转型机遇，推进信息化建设

充分利用移动互联网、物联网、云计算等新一代信息技术平台及大数据，做好智慧城市理念推广与试点建设，完善信息安全保障及核心技术支撑，通过科学合理的顶层设计与宏观决策制定智慧城镇建设的标准体系，防止急于求成、一哄而起，强化技术驱动和创新驱动，加强创新管理，加快信息化与城镇发展的紧密结合，推动智慧资源的共建共享，实现智慧城镇与区域经济、社会、文化、公共服务、公众生活等的全面良性互动，满足城镇主体的需求，主要包括：以民生需求为导向，建设完善民生类服务平台，打造智慧政府，将水电油气等进行数字化连接，推广智能水表和智能电网技术，自动识别同行车辆，通过公交刷卡信息分析实时路况和市民出行行为，保障畅通出行，减少交通拥堵和交通运输碳排放量，发展绿色智慧交通，将基础设施系统进行三维可视化，以避免重复建设，促进教育资源与教研成果共享，在不违反相关原则基础上鼓励信息公开，减弱城乡教育差距，在医院、药店和诊所实现医保一卡化使用和病例通用制度，在政府网站、微信、微博、电话、短信、邮箱等平台实现对政府工作的监督与管理等，实现公共服务体系信息化，推进智慧城镇化水平尽快与国内外发达地区接轨。

二、积极促进产业结构的合理化与高级化

依据地域分工理论和比较优势理论，推动产业结构调整，合理优化产业结构，推动产业向园区集中发展，遵循市场导向、资源整合与利益共享原则，以

产业联动为方向，以市场需求为导向，强调技术创新和管制放松，构建现代农业、新型工业和现代服务业有机融合、错位发展的产业体系，实现产业一体化，全力推进具有自主创新能力与核心竞争力且高关联度的优势产业集群，使产业发展真正服务于"三化统筹"，努力打造"区域品牌""拳头企业"和"拳头产品"，形成优势互补、分工明确、布局合理的产业格局，增强经济发展活力，增加就业岗位，避免人口大规模外流，吸引人口回流，增强区域综合竞争力。

第一，全面优化农业产业结构，创新农业经营方式，强调农业科技创新，降低农业生产成本，提高种植效益、经营效益和转化效益。2014 年，吉林省农业人口 1423.5 万人，占全省总人口比重的 53.29%，农业生产活动的全方位转变对于其新型城镇化发展具有重要现实意义，包括发展优质水稻、专用玉米等价值较高的适销对路品种，降低普通玉米种植面积，增加大豆、小杂粮、绿豆、辣椒等特色农产品种植面积，调整粮食种植结构，加快粮食生产去库存；改善环境质量，发展绿色食品，发挥比较优势，建设生态型绿色农产品加工基地；发展饲料作物，扩大食用菌、蔬菜、水果等经济作物的种植面积，向专业化和基地化方向发展；大力发展优质高效的畜种，加强检验检疫，提高畜产品质量，培育和发展规模化饲养户，建设高标准和专业化的畜禽商品生产基地，推进重点加工项目建设，形成畜禽良种化、饲养管理科学化、配合饲料普及化、疫病防治规范化的现代畜牧业生产体系，建成一批农畜产品加工骨干企业和示范基地，保障粮食安全，加快推进农业现代化。

第二，继续强化汽车工业发展的主导地位，提高汽车工业的整体竞争力是吉林省未来产业发展的必然战略选择。将技术创新与产品升级、产业集聚与产业集群、生产空间结构的调整与优化作为吉林省汽车工业发展的战略重点，围绕"一汽"、支持"一汽"、与"一汽"协调配套及一体化发展，提高整车生产能力和零部件本地配套率，形成与世界先进水平同步发展的规模制造体系，轨道客车、专用车、新能源汽车和轻微型车等领域向"专、精、新、特"方向发展，积极培育民族品牌，努力扩大出口贸易市场规模，打造汽车物流集散基地，大力发展现代汽车服务业，建立完善的汽车出口信息、共性技术研发和试验检测等公共服务平台，提升整个汽车行业的综合竞争力，在"十三五"时期实现吉林省汽车工业跃上新台阶的发展目标。

第三，以吉林石化和吉林油田为龙头，构筑吉林、长春、松原石油化工产业发展轴带。以工业园区为平台，发展产业集群，优化产业结构，依托大企业集团发展精细化工、高性能合成材料和特种材料，推进产品加工精深化、原料路线多元化的新型化工产业体系，实施油气并举，建成国内重要的综合性石油化工产业基地。建设以化工深加工和精细化工为主的化工园区，为实现产业集群创造发展平台和载体。引进国外先进技术加快油母页岩的勘探与开发，建立现代技术创新体系，实现前沿技术自主化、工程技术本地化、关键技术产业化，提高综合产出水平，构建循环经济产业链条。

第四，改造提升传统服务业，加快发展现代服务业，逐步形成以服务经济为主体的多元化产业结构，降低竞争风险，建成分工合理、各具特色、优势互补、协调合作、共同发展的商贸区域新格局，将其作为未来就业的主体。以长春市、吉林市和延边州地区为重点，吸引外资银行设立分支机构，引进现代管理理念和先进技术，培育完善中小企业、县域经济服务的多元化和市场化地方金融体系。通过培育物流中心、物流基地和物流通道，加快现代物流业的发展。挖掘文化产业的主导项目和特色项目，创造品牌效应，培育文化市场，加大文化产业体制改革力度。以会展业为契机，搭建商贸文化产业的交流平台。

第五，完善旅游基础设施，综合配套旅行社、星级酒店、快餐店、大众超市、特产专卖店、开敞休憩空间等，提供"吃住行游购娱"的全方位便捷服务，做好旅游产品的品牌效应和宣传力度，重塑旅游形象。强化旅游资源的整合与管理，遵循生态旅游管理措施和法制法规，做大做强生态旅游，坚持适度开发，保护自然景观和文化遗产，加快工业历史遗存的生态开发与利用，大力开发非观光性旅游产品，增加旅游者的参与性。培育特色鲜明的高品位旅游区和东西向旅游线路，以长白山、边境口岸、高句丽历史文化遗迹、朝鲜族风情等为主建设东部边境生态旅游区，构建大图们江区域旅游共同体，以拉法山、松花湖、净月潭、伪满洲国皇宫等为主构建中部城市风貌文化古迹旅游区，以查干湖、向海、莫莫格湿地等为主构建西部草原湿地风情旅游区，以点带线，以线带面，提高区域旅游竞争力，打造具有高知名度的东北亚国际旅游目的地和桥头堡。

第六，依托长白山中药资源和现代中药、生物制药技术、人才及产业方面的比较优势，大力发展现代中药和生物制药产业，建立中药种植、新药研发、临床试验、规模生产的完整产业链条和标准化产业体系，培育具有自主知识产权和较高技术含量的医药品种，加快与国际接轨，提高中药和生物药产品的出口能力，壮大敦化市和通化市两大药城，建设医药产业园区，培育医药产业集群，建成辐射全国和东北亚区域的现代中药及生物制药科研、生产与贸易中心。

第三节　吉林省新型城镇化发展的城镇空间优化

一、打造集约高效的新型城镇化空间格局

集约高效的新型城镇化空间格局是指将集约理念和高效理念贯穿于新型城镇化发展的始终，充分利用现存城镇物质基础，不断挖掘区域发展潜力，通过合理整合与高效利用城镇化资源要素提高城镇化质量的协调性，按照资源环境承载能力优化城镇化发展格局，突出城镇的集聚和辐射功能，深化城镇内涵，实现区域协调发展，缩小居民收入差距，是新型城镇化发展的内在要求和重要抓手，是城市健康全面可持续发展的必然选择[251,252]。

（一）打造以城市群为主导的新型城镇化空间格局

城市群作为新型城镇化发展的"主体区"，是最具活力与潜力的经济发展"核心区"，是参与国际劳动分工和全球竞争的基本地域单元和重要增长极，也是工业化、城镇化、农业现代化和信息化发展到较高阶段的产物，在生产力布局过程中发挥着举足轻重的战略支点作用，既承担四化发展的历史重任，主

宰国家经济发展的命脉，又主导新型城镇化的成败[43,52,253−255]。

基于此，强化吉林中部城市群这一空间载体和主体形态在吉林省新型城镇化进程中的地位，形成中部地区稳定的社会经济重心，提升区域综合竞争力，发挥组合优势，壮大长吉图开发开放先导区的腹地支撑，与哈大齐工业走廊、沈阳经济区、辽宁沿海经济带、辽西北、蒙东地区、图们江国际合作示范区、吉林省西部生态经济区等进行良好的统筹协调，实现资源共享、错位发展、优势整合和互利共赢；遵循《哈长城市群发展规划》，与哈尔滨等城市优化集聚格局，拉动集聚空间，协同共建哈长城市群并成为哈长城市群的核心支撑。具体来看：

做大做强长春市和吉林市，前者围绕既定产业布局加快落位建设高新技术产业项目和高端服务业项目，建设现代化科技新城，后者围绕汽车及零部件产业、精细化工产业、新材料产业等构筑现代工业体系，围绕保税物流、温泉休闲等发展现代服务业，推进先进制造业和现代服务业的有机融合，建立包括各自外五县在内的长春都市区和吉林都市区，发挥中心城市对周边县市的辐射带动作用，形成规模更大、实力更强的经济增长双核，切实推进长吉产业一体化，实现两者优势互补，增强四平、辽源、松原三个支点城市的支撑功能；保护西部地区基本农田和耕地红线，有效盘活存量土地，城市内部紧凑布局，减少盲目大规模的圈地占地，节约用地，充分利用城市空间，对城市内的废弃地、旧厂房、旧建筑用地和工业历史遗产，应尽量挖掘再利用；发展壮大梅河口市、珲春市、公主岭市、抚松县、宁江区等重要节点城市和农安镇、开通镇、朝阳镇等重点城镇，推进其快速提质、扩容与升级，实现人口就地城镇化，推动农民向新型居住社区集中；各类城市开发区和城市新区的设立均应有一定的建设基础和培育环境，规范审批流程和审批制度，严格执行土地使用标准，提高土地利用效率，尽量少占耕地，健全节约集约用地制度，推动土地向规模经营集中，建立存量用地退出激励机制。

（二）优化城镇功能空间，明确职能分工与协作

首先，加快长吉中心城区的汽车自主生产研发和石化循环低碳改造，开发新能源，推动现代服务业发展，完善综合服务功能，外五县以农产品的资源型

精深加工为主，完善生产力布局，做好长春国际物流园区、兴隆综合保税区和九台空港开发区的无缝连接，实现区港一体化；推进长春市和吉林市等地区的国家级商品粮基地建设，借助中新食品园区这一平台，吸引周边农畜产品来此加工销售，加快市场推广，实现品牌化、优质化和终端化；加快推进四平市、白城市、松原地区与"一汽"相配套的汽车产业发展布局。

其次，做好西部防沙治碱，加快白城市和松原地区的特色农畜产品如小杂粮、绿豆、辣椒、大豆、水稻、蓖麻、向日葵、生猪等的精深加工，形成规模，打造区域品牌优势，加大出口；明确各地风电与风机配套的职能分工，避免重复建设和恶性竞争，建设大的输电站和输电线路，加快风电省外运输。

最后，做强蛟河石材生产加工基地和敦化特色农产品生产加工及木材、铁矿石基地，推进旅游业快速发展；增强前沿地区的承接能力，引进朝鲜廉价劳动力，突出自身特色，推进商贸物流业和现代服务业的发展，打造形成辐射东北亚地区的特色小商品集散中心地，加快发展延吉商贸旅游和文化教育产业，加大宣传力度，最大限度地发挥延吉空港作用；加大资金和政策支持，引导窗口地区与国际接轨，举全省之力发展珲春地区的开放型经济。

（三）完善城镇基础设施，提高综合承载能力

首先，加大管理力度，科学设定行车路线，提升快速路、主次干路和支路的道路等级，建立网络化、立体化、安全有序、通达便捷的现代综合交通运输体系，全力发展大容量公共交通如地铁、轻轨、有轨电车、公交等，实施TOD模式，发挥综合交通运输的最大效能，缓解城市拥堵现象。增加吉林省东西两端和东西方向的铁路网与公路网密度，培育西部主要交通枢纽，建设东部边境铁路大通道，缩小各地区交通基础设施和交通运输能力的相互差距，加强区内外经济联系。加大资金投入，扩大既有铁路线的通过能力，改造升级已有铁路枢纽，全面提高国道、省道和高速公路的技术等级，扩大农村公路的覆盖面，缓解社会运力紧张状况。增强重点城镇与知名旅游景点如长白山的连通能力，建设客源地与旅游目的地之间的旅游专线，实现省内各旅游景点之间的快捷连通，加强与东北地区旅游节点城市、与全国重要旅游城市和省会城市、与周边

俄朝各国之间的交通建设。

其次，完善市政公用设施，建立安全便捷高效的市政公用设施网络体系。加大投资力度，统筹供水、供气、供热、电力、通信等地下管网的更新改造与建设，建立健全城市地下空间统筹协调机制，确保管线布局的科学化，推进城市排水防涝设施建设和雨污分流改造，提高城镇应对极端天气能力、污水处理能力、垃圾无害化处理能力等，加强水源地的安全保护，提高水质达标率和饮用水安全，合理布局城市停车场和停车位、菜市场和农产品批发市场，实施存量垃圾治理和生活垃圾分类收集，满足居民日常需求。

二、实现以改善民生为重点的城乡一体化

第一，坚持城乡统筹，将基本公共服务和生产生活要素更多地向农村地区和老少边穷地区倾斜，使发展成果惠及全体人民。降低准入门槛，通过多元融资渠道加快棚户区、城中村、垦区危房及城区老工业区的改造，加快保障性住房建设，改善农区、林区、牧区和矿区的生产生活水平，吸引社会资本参与地下管网和交通等建设，促进要素均等交换和资源均衡配置，继续实施"暖房子"工程，推进农村"厕所革命"和农村危房改造，扩大新型农村养老保险覆盖面，最大限度地实现基本公共服务均等化，加快城市功能向乡村蔓延，切实改变村容村貌，推进农村综合环境整治，严控农业污染物的排放，增强农村自我恢复能力，建设特色鲜明的生态田园小镇，充分发挥乡村地区的良好生态优势，做好乡村生态旅游[256]，提升农业经营规模和发展效益，增加农民收入，并将其市政设施建设纳入各地方政府规划，通过给予政策和资金的倾斜性支持，实现与城区基础设施的互通互联，使城市和农村均能享受现代文明成果，最终实现城乡一体化进程。

第二，实现农业转移人口享有同等的城镇基本公共服务待遇。主要包括改善基本医疗卫生条件，将农业转移人口及其家属归入社区医疗卫生体系；保障随迁子女的受教育权利，划拨教育经费，提升接收学校的办学条件；扩大社会保险参保缴费覆盖面，建立城乡居民统一的社会保障制度；完善农业转移人口的就业创业制度，提高职业技能和综合素质，保障平等就业和自主择业，确保

稳定收入发展劳务经济，增加就业岗位，强化劳动力技能培训，做好法律援助，提高工资待遇；实施廉租住房，加大租赁补贴，促进住房租赁企业专业化和规模化发展，开展购租并举，将农业转移人口纳入城镇住房保障体系等，加快实现农业转移人口市民化进程，不断改变居民的消费习惯，将预防性储蓄转变成消费需求。

第三，鼓励外出农民工返乡创业。参照《关于结合新型城镇化开展支持农民工等人员返乡创业试点工作的通知》，选择一些外出务工人员较多、新型城镇化建设任务较重的县级城市开展返乡创业试点，加快建设农民工返乡创业基地，成立农民工返乡创业服务组织；充分发挥农民工工作联席会议的作用，提高农民工返乡创业意识，提高农民工自身文化素质，建立相对合理的奖惩机制，提升企业管理能力，拓宽信息来源渠道，保障信息来源的时效性，开辟返乡创业新领域，加大返乡创业成功典型案例的宣传力度；实施税收优惠政策和阶段性的税费减免政策，拓宽融资渠道，完善农村金融体系，营造公平竞争环境，严厉打击破坏创业环境的行为，降低政策待遇的不平等，制定倾斜性的土地使用政策，加快荒山、废弃地的整治，增强工商、国土、教育等职能机构的配合协调度，以此规避创业风险；增强农村地区经济发展活力，转变农村较为滞后的生活方式和生产方式，带领农村致富，优化产业结构，带动吉林省农村社会经济发展的转型，加快新农村建设。

三、构建科学合理的新型城镇化规划体系

首先，科学规划，合理布局，构建多规融合的新型城镇化空间规划体系格局。保证经济社会发展规划、城乡总体规划、主体功能区划、土地利用总体规划、环境保护规划、市政设施规划、新型农村社区规划及其他控制性详细规划等的彼此一致性，使城镇规划在城镇发展与管理过程中始终处于主导和先行地位。创新城市管理与发展模式，协调相互关系，消除多规之间的冲突，遏制空间规划的失控无序问题，做好有效衔接，实现全面共享和完全透明，降低建设成本，提高空间资源配置效率，真正做到"一张图"管理，将吉林省作为一个完整的空间地域单元，按照"区县—市州—省域"这一由微观到宏观、由

小及大、由简单到复杂的顺序渐次推广，打造多规融合的空间规划标准体系、编制体系、实施体系和管理体系，解决国土部门、环保部门、建设部门等相互之间存在的信息孤岛现象，增强相互沟通与联系，形成对吉林省新型城镇化发展综合协调的统筹合力。

其次，尽快启动村庄规划，从规划上解决城乡脱节问题，避免去乡村化，实现就地城镇化和就近城镇化。减少对自然村屯的肆意圈占，减少因开发区建设盲目圈占基本农田，保障粮食安全，加大投资力度扶持朝阳产业和有潜力的产业部门，吸引农村剩余劳动力开展就业，加强劳动力职业技能培训，实施绩效工资，提高劳动生产效率，实现农业现代化和乡村现代化，引入社会资本，通过建立长效投入机制做好与农村相配套的教育、医疗、保险等社会保障服务和市政设施服务，降低与城市居民生活保障的落差，规划完善道路交通运输系统，增强与城市的经济社会联系，严格审批高污染工厂企业的落地，美化生态环境，保护传统村落和传统民居，保留村镇遗产、历史文化和历史记忆，传承乡土文明，使其望得见山，看得见水，记得住乡愁，增加中小城市的吸引力，真正实现农村城镇化与新型城镇化的协调均衡。

最后，遵循《关于进一步加强城市规划建设管理工作的若干意见》，做好新型城镇化规划体系建设的一系列保障工作。强化规划统筹与管控，按照下管一级的原则，分解落实规划任务，省域衔接市州城镇化规划，市州负责区县城镇化规划；完善城镇规划立法工作和审批工作，在大广场、宽马路、行政办公中心等工程项目建设的同时，重视基本公共服务规划，丰富无形规划的内容，避免"兴城不兴业"；重视社会公众的积极参与，充分听取公众的意愿和诉求，强调监督规划的有效实施，以便于向公众提供服务，对广大人民群众负责；设立城镇化发展基金，关注重点领域和关键环节的相关规划与安排，如城镇社区、基础设施、教育、医疗卫生等领域的专项规划，以及土地管理制度改革、住房保障制度改革、户籍制度改革、社会保障制度改革、社会保险制度改革和就业制度改革等，对新型城镇化科学规划进行更为全面有效的改进，为新市民更好地融入新城镇创造条件。

第四节　吉林省新型城镇化发展的市场全面开放

开放型经济作为全球化、信息化和网络化背景下区域发展的主流选择，是以利益需求为根本出发点的全方位交流合作，是基础要素和经济实体在市场主导下优化配置、自由流动、互利共赢的一种城镇化经济形态。新型城镇化强调有序推进农业转移人口市民化，推动城市间及城乡间经济产业、社会文化和地域空间的联系，明确对内开放的职责和方向；面向全球配置资源，顺应经济全球化构建开放型经济新体制和全方位开放新格局，以外促内，通过国际化促进城镇化和工业化的快速发展，扩大农业、矿产资源及能源的海外供给通道，搭建企业与合作国的经贸合作平台等，明确对外开放的职责和方向[43]。

吉林省依托开放开发基础，利用区位优势、资源优势和经济优势，基于长春兴隆综合保税区、中新食品园区等开放平台，紧抓"一带一路"形成的市场需求，优化外资利用结构，扩大外资利用规模，主动融入"一带一路"倡议，以加大开放开发力度和提升开放开发质量为纲，以提升中部长吉图地区的开放开发水平、实现开边通海为核心，向东通过俄罗斯扎鲁比诺港等港口实现借港出海，开辟北冰洋航线，直达欧洲，向西经内蒙古打通对蒙通道，联通俄罗斯西伯利亚大铁路，构建沟通俄、蒙、欧的陆海联运通道。以开放东部沿边城市带、推进与朝鲜整体经济合作为重点，以拓展西部"两山"铁路、打通东北第二条亚欧大陆桥为目的，打造对外贸易强势，加强吉林省与周边各省区及东北亚各国的交流合作，缓和与周边国家的相互关系，打通东北亚开放市场空间，打造内陆开放新高地。

一、协调省内发展，明确职能分工

首先，以长吉都市圈和中俄朝边境经济特区为两大核心，以长吉图高速公路、铁路和信息通道为轴带，突出六大基地建设①，完善经济合作平台体系，形成"哑铃型"合力，提升经济总量、质量和开放度，实现人口、产业、城市功能及现代物流等的集聚，加快推进长吉图一体化。

其次，以长吉图为开放开发的支撑点，以中朝共同开发和共同管理两个经济区的建设为牵引，增强东部沿边开放开发力度，提升各主要高新区的产业层次，整合珲春市各类开发区，建设能源和原材料基地，依托现有省级开发区建设图们、和龙、长白、集安四个国家级边境经济合作区，并各自申请设立国家沿边开放城市，提升城市综合承载力。借鉴深圳市模式，提升珲春市的行政管理级别为副省级并计划单列，提升延边自治州的行政级别为副省级，将省政府和自治州有关图们江开发开放管理单位移至珲春市，减少管理层次，精简机构，提高办事效率，充实提高珲春市领导班子水平，制定高水平的振兴规划，举全省之力加快珲春市开放发展，设立珲春经济特区，使其真正成为吉林省对外开放的桥头堡及外贸转型升级的突破口。

最后，建设白阿高速公路，改造白阿铁路，以松原地区为重点，提高粮食加工、食品化工、原油加工与石油化工的建设力度，以松原经开区、石油化学工业循环经济示范园区为基础，构建中蒙国际交通运输经济走廊，通过水库建设和引嫩工程，在白城及周边大力发展水稻等特色农业种植、畜牧业与加工业，建设农产品出口加工基地、能源和原材料基地，拓展西部开放合作领域。

---

① 六大基地：东北亚总部基地，包括长春国际物流园区、空港经开区和兴隆综合保税区，以现代服务业为主体，以外围四大国家级经济技术开发区为支撑，是开放型经济发展最高端的核心；现代农业和生态旅游基地，位于长吉交界处，包括莲花山生态旅游度假区、神农和圣德泉温泉旅游度假区及中新食品园区，涉及健康温泉、农产品加工、观光农业和冰雪旅游等；现代化工基地，位于吉林市，包括吉林高新区和经开区、永吉经开区、龙潭经开区，涉及化工加工、新型装备、科技创新、服务业和吉林医药等；建材产业基地，位于蛟河与敦化之间，包括蛟河天岗石材产业园区和敦化木材产业园区；现代服务业基地，包括延龙图国家重点开发开放试验区、延吉高新区，涉及服务外包、科技创新、现代服务、民俗文化、基础设施建设等；珲春国际合作示范基地，包括国际产业合作区、边境贸易合作区、中朝和中俄珲春经济合作区，以环保装备制造为主体，涉及基础设施建设、科技创新、物流发展和对外贸易合作。四大工程：中俄跨境经济合作区（农业合作投资、旅游合作、煤炭开发、木材加工和基础设施建设）；中朝罗先经贸区（路港桥建设、基础设施建设、农业合作和旅游合作）；中日珲春新潟跨境经济合作区（航线建设和临港物流加工建设）；中韩珲春东海跨境经济合作区（航线建设和经济合作区建设）。

二、密切省区联系，培育壮大物流

首先，实施联席会议制度、高位统筹机制、共建共享机制和产业协同机制，密切省区联系。计划经济体制下东北地区行政区经济明显，相互之间竞大于合。吉林省处于黑龙江省、辽宁省和内蒙古东部地区（包括呼伦贝尔市、兴安盟、通辽市、赤峰市和锡林郭勒盟）的夹缝中，开放型经济的发展面临多方竞争。未来应积极开展与蒙东地区的合作，加快西煤东送和西电东输，缓解吉林省能源紧张局面，尤其增强与兴安盟密切合作，加强沟通、取得共识，积极协调交通运输部、外交部和商务部，将"两山"铁路建设纳入中蒙两国政府间合作项目，并与亚洲开发银行沟通，落实资金来源和建设规划，打通东北第二条亚欧大陆桥；引进黑龙江省东部的煤炭与大庆油田的原油，解决吉林省能源与石化工业原材料短缺的问题；借助辽宁省沿海港口群和哈大交通运输线，加快吉林省工农产品的运输，承接京津冀的产业梯次转移，加强与沿海发达地区的产业合作。

其次，培育壮大东西向物流、加强横向经济联系是今后较长时期吉林省图们江地区引进现代产业、发展旅游、聚集人流、活跃经济的重要任务，运用制度安排，积极吸引南北向物流向东由珲春出海。短期内依据珲春的产业与资源基础，出口粮食与农牧产品加工品、木材加工品、金属加工品、轻纺产品（包括白城地区的杂粮、杂豆，吉林中部的玉米，蛟河地区的石材及其制品，敦化地区的黑木耳和优质大豆，永吉县中新食品园区的优质粮食和畜产品等），进口俄远东的煤炭、木材初加工产品、金属矿砂及制品和日韩的机电产品。未来，加大吉林省现代农畜产品加工品向日本海沿岸各国的出口量，实现高附加值的机电产品、汽车零部件、石化产品与日、韩、俄等国形成产业互补，推动蒙古国优势资源成为珲春—图们江地区过境出口的重要货流。

三、扩大与俄联动，稳妥与朝合作

首先，在中俄总理定期会晤机制推动下和俄罗斯"向东看"战略背景下，扩大与俄罗斯滨海边疆区经贸合作，加强高新技术产业交流互动，积极开展高端装备制造、纳米技术、信息技术、航空航天、生物医药等领域的合作，加快俄罗斯远东地区油气资源的利用，突出铁路通道建设，运用次区域合作机制深化与俄互联互通。积极争取外交部支持将中俄珲春—哈桑跨境经济合作区纳入中俄两国总理会晤会谈内容；扩大港口投资合作，在已完成扎鲁比诺港一期工程改造基础上，加快二期工程建设，推进斯拉夫扬卡港的投资合作前期工作；进一步完善中俄珲春—马哈林诺铁路口岸设施建设，实现全面运营；继续抓好煤矿、铁矿开发和木材加工、农业合作，以及跨境旅游合作与对接；积极促进中俄口岸通关便利化，争取将韩国东海—日本境港—俄罗斯海参崴航线延伸至俄罗斯扎鲁比诺—中国珲春，实现俄罗斯哈桑港口经济、珲春口岸经济和长吉腹地经济的联动发展。

其次，积极慎重、稳妥推进对朝全面经济合作。朝鲜作为吉林省对外经贸活动的重要一环，切实做好对朝经贸对于吉林省开放型经济的发展十分重要。这就要求以维护朝鲜半岛的和平稳定为基本前提，设立中朝贸易发展专项资金，简化边境贸易手续，推进路港桥工程建设，积极协调商务部，进一步发挥中朝科技贸易联委会机制作用，将茂山铁矿、青年铜矿和煤炭开发等项目纳入中朝科技贸易联委会会谈内容，并对上述项目批准相关法律保障与政策范围，切实保护投资企业的合法权益。加强交通基础设施建设，及时有效地获取朝鲜市场信息，鼓励保持农产品和轻工业产品的对朝出口及丰富煤炭、木材、水产品等的进口，吸引朝鲜大量廉价闲散劳动力，鼓励民营企业参与对朝经贸合作，引导加快推进朝鲜工业化进程。

四、建设通道口岸，维护出海权益

首先，中蒙之间多做宣传工作，强调互利共赢，不要造成中国只为"掠夺"蒙古资源的误解和假象。与此同时，加强对我国入蒙企业和个人的正确引导，建议亚洲开发银行、交通运输部和商务部尽早提出"两山"铁路改造建设规划和中蒙跨境经济合作区的口岸建设规划，积极推进中蒙"两山"铁路建设，远期建立中蒙跨境经济合作区。

其次，在我国实现图们江通海航行权利和维护我国在日本海权益这一主权问题上，上升为国家重大战略，举行与俄、朝双边总理会晤，加大工作力度和投入，尽快实现通海航行。

另外，在政策和财税方面营造宽松环境，引进世界 500 强企业和跨国集团公司等落户长吉，引进日韩和国内的大型企业落户珲春—图们江地区，引进先进管理技术与人才，实现利用外资由数量型向质量型转变。

第五节　吉林省新型城镇化发展的绿色生态转型

吉林省资源型城市数量众多，传统城镇化发展建立在高能耗、高排放和高污染基础上，产能过剩行业普遍存在，能源资源过度消耗，生态环境质量整体不高，其中煤炭开采过程中形成大面积的塌陷区和采空区，石油开采过程中对于地表水、地下水和植被产生不同程度的破坏，过度砍伐树木使得林区的生态环境质量降低等。推进新型城镇化发展的绿色生态转型是指在观念更新、技术创新、体制革新和文化复新的支撑下，坚持源头防范、过程防范及后果严惩，运用生态城市建设理论，将生态文明理念全方位融入新型城镇化进程中，尊重自然，全面建设资源节约型和环境友好型的绿色生态城镇，是摆脱传统城镇化进程中依靠农业文明和工业文明发展的束缚，进入生态文明时期必不可少的发展模式和重要理念，是集约、智能、绿色、低碳新型城镇化的具体体现，是新型城镇化发展与生态文明理念在行动与过程上的融合，这不仅可以实现社会经济的可持续发展，而且能够实现污染预防和循环发展的双赢目的，兼顾经济持续增长与生态环境改善，与传统城镇化发展模式有着本质区别[95,257,258]。

一、推进资源节约的绿色生态转型

（一）水资源节约型城镇化

吉林省作为我国中度缺水省份，水资源总量偏少，地表水资源时空分布不均，整体呈现"东多西少、南多北少、周多中少"的特征，工农业水资源布局失调、水资源利用率不高、辽河流域和地下水污染等进一步制约着城市综合承载力的提升和新型城镇化进程的推进。结合吉林省水资源空间分布现状和开发利用实际，提出以下几点建议：

首先，针对不同区域制定科学合理的水资源利用对策。吉林省中部地区属于水质性与资源性缺水并存区，水质污染较为突出，应该加强污水处理工程的建设，长春市、四平市、辽源市等地区缺水严重，可以加大开发相对丰富的过境水资源以满足需求，充分挖掘选优水资源利用工程的供水潜力。此外，提高城市生活用水和工业用水的利用率，控制压缩地下水的超采问题，减少次生盐碱化面积等；西部地区属于工程性与资源性缺水并存区，鉴于嫩江、松花江和第二松花江交汇于此，未来，水资源利用应在保护湿地环境条件下，进一步建设供水工程和水资源调控工程设施，充分利用过境水资源，拦蓄雨水，并从区外调水以解决需水问题；东部地区水资源相对丰富，属于工程性缺水区应注重维护生态环境，保护长白山原始森林，充分发挥其涵养水源的作用，加强鸭绿江、图们江、第二松花江及绥芬河流域水资源的开发，提升水资源利用程度，推动小水电代燃料工程建设，优化水资源配置。

其次，进行节水宣传教育，加快节水型社会建设，全面贯彻高效节水理念，提高水资源利用效率。农业方面，加快大中型灌区改造工程，加大投资力度做好渠道防渗工作，在广大中低山丘陵地区推广喷灌和滴灌技术，提升农田灌溉率，修筑梯田、种植物带、培地埂以减少水土流失，加强水土保持工作；工业方面，大力发展节水减污企业，严格执行建设项目的水资源论证办法，合理调控区域水资源供需的平衡性；生活用水方面，完善水资源市场经济体制，推行"取水许可"制度，实行阶梯式水价，提高公众的节水意识，推广节水器具。

此外，建立水资源保护与利用的法律法规体系，对于大量排放污水的企业和工厂收取一定的排污费用并进行整顿，对于破坏森林植被的行为给予监督管理，编制科学合理的水资源保护与利用规划，建立水源地保护区，保护水源地水质，打造高素质和业务精的水资源专业管理队伍，提高其管理能力和技术水平，加强水质监测，保障饮用水的安全，尽最大可能地维护莫莫格、查干湖、波罗湖、向海等西部生态湿地面积，以水利工程措施为主，强化行政管理措施和植物措施等，控制其不再继续萎缩。

（二）矿产资源节约型城镇化

根据《全国资源型城市可持续发展规划（2013～2020年）》可知，吉林省共有6个资源型城市，包括2个资源衰退型城市（辽源市和白山市）、2个资源成熟型城市（吉林市和延边州）、1个资源成长型城市（松原市）、1个资源再生型城市（通化市），资源型城市数量占到全部地域单元数量的66.67%，涵盖森工、油气、煤炭、金属等多种资源型城市类型。吉林省多数资源型城市因矿而生、依矿而建，在经过多年人为干扰之后，如今普遍面临着矿产资源枯竭衰减、高新技术人才缺失、转型资金相对匮乏、经济发展后劲不足、失业人员数量增多、居民生活愈发困难、城乡二元结构突出、可持续发展机制尚不完善等问题，资源诅咒效应愈发明显。

在当前能源资源紧缺的大形势下，吉林省矿产资源节约型城镇化发展应该加大财政资金的支持力度，引进先进技术改造升级传统产业，加快工业历史遗产的生态开发与利用，进一步挖掘其内在价值，培育并推广接续替代产业，打造重要矿产资源接续基地，开发利用油页岩等新能源，发展非资源型产业，推动实现产业多元化，规避因产业单一引发的风险，提升区域承接产业转移的能力，缓解产业结构矛盾，推进资源型城市的全方位转型，进一步明确资源型城市转型的目标、任务及具体措施，减轻对矿产资源和不可再生能源的过分依赖，构建资源型城市可持续发展的长效机制，包括有偿使用机制、技术创新机制、资金保障机制、民生保障机制、生态治理机制等，实现资源型城市的可持续发展。

另外，全面灌输资源节约利用意识，改变粗放型生产方式，坚持矿产资源的开发与利用并重，充分利用矿产开发进程中产生的可循环利用的"衍生资源"，如粉煤灰和瓦斯等，提高资源集约利用水平和资源产出率，提升重要矿产资源的保障能力和资源性产品的附加值，根据不同资源型城市的类型和面临的问题提出不同的资源节约利用策略，引导各类城市构建各具特色的发展模式等。

二、推进环境友好的绿色生态转型

吉林省作为我国重要的生态示范基地和生态省建设试点，在其新型城镇化发展进程中必须坚持环境友好的基本原则，推进环境友好与经济发展密切结合，将生态文明这一科学理念全面融入城市发展，推广绿色能源，提倡绿色建筑，完善绿色交通，建设绿色城镇，实现低碳发展。

首先，加强中部粮食主产区的黑土地改造，充分利用近期5亿元的中央财政支持做好黑土地保护利用试点工作，重点治理黑土流失、土壤贫瘠、土壤板结、土壤污染及耕地肥力下降等问题，转变重化肥、轻有机肥的传统耕作模式，实施农药和化肥零增长行动，规范农药使用行为，推行科学用药和精准施药，推广保护性耕作技术，扩大重金属污染耕地治理试点，提高土壤有机质含量、耕作层厚度和黑土地垦殖率，推广绿色生态农业，加快建设秸秆收储运体系，打造形成高标准农田，建设最具竞争优势的品牌与保障。

其次，全力推进东部绿色转型发展区建设，加快长白山林区的生态系统修复与保护，遵循《长白山林区生态保护与经济转型规划（2015～2024年）》，转变经济增长方式，坚持生态主导、保护优先，建立生态主导型经济体系，编制森林采伐限额，调节森林采伐量，逐步停止对天然林和公益林的肆意商业性砍伐，通过培育新树种、人工促进天然更新、人工造林等恢复森林植被，构建功能完善、类型齐全的自然保护区体系，提高林区垃圾、污水处理等基础设施服务能力，大幅提升林区生态功能，基本完成国有林区改革，增强可持续发展能力。

再次，继续推进西部生态经济区的建设，遵循《吉林省西部生态经济区总体规划》及西部地区实际自然环境状况，明确功能分区，集中力量进行土地盐碱化、退化和沙化等荒漠化治理，实施"河湖连通"工程，恢复生态原貌，再现秀美草原风光，探索湿地草原综合开发新模式及草田轮作、还湿还草等新方式和新机制，大力发展生态农业，保障食品与粮食安全，提升国际候鸟迁徙地功能，建设新能源开发利用示范区，优化能源结构，推广低碳清洁的生态工业，突出生态本底特色。

最后，强化生态环境保护制度，建立生态文明制度体系。加快体制机制创新步伐，完善激励机制与约束机制，将环境损害、生态效益和资源消耗纳入新型城镇化发展评价指标体系，遵循主体功能区规划，划定生态保护红线，设定资源消耗上线，加强源头管控和过程监管，建立环境承载能力监测和预警机制，控制开发强度，加大生态补偿投入力度，建立资源环境的生态补偿制度，实施沙化土地封禁保护补贴和湿地保护奖励试点政策，完善污染物排放的环境保护制度和以风险预防为主的环境管理制度，全方位部署秸秆焚烧工作，严控露天焚烧农作物秸秆现象，明确属地主体责任，强化督导考核等。

第七章　结论与展望

新型城镇化是目前地理学、经济学、社会学、人口学、生态学与环境学等多个学科普遍关注的热点问题之一，如何有针对性地推进区域特色新型城镇化发展，将成为今后一段时期内亟须解决的重要议题。本书在对国内外新型城镇化理论基础和实践借鉴进行分析时，以吉林省为实证研究对象，对这一特殊地域新型城镇化发展的过程与评价、基本特征、动力机制和路径选择进行研究，旨在为各级政府制定区域战略政策提供参考借鉴，为其他老工业基地新型城镇化模式的探寻发挥示范作用。

一、主要研究结论

(一) 新型城镇化的概念内涵

新型城镇化是时代背景下的产物，其提出主要是为了纠偏纠错，对错综复杂、层出不穷和盘根错节的新旧问题及潜在危机进行的扬弃和超越，是传统城镇化在概念内涵、特征本质、目标内容和实现方式上的全面提升，并没有全盘否定传统城镇化发展道路，即新型城镇化是在科学发展观和可持续发展理念引领下，坚持四化协调、生态文明、城乡统筹、集约高效和因地制宜等基本原则，将以人为本理念贯穿于城镇化发展始终，通过实现人口城镇化、提升城镇化质量、优化城镇化格局及创新体制机制等，探索并创新城镇化发展的新模式、新机制和新路径，最终促进经济转型升级与社会和谐进步的城镇化过程，是一种可持续的城镇化发展道路。

（二）吉林省新型城镇化的发展阶段

吉林省新型城镇化发展先后经历近代时期城镇化发展的初始阶段、日伪时期城镇化发展的雏形阶段、改革开放以前城镇化的波动增长阶段及改革开放以来城镇化的缓慢发展四个阶段。

近代时期：在辽河航运、中东铁路和公路运输等的主导作用下，城镇地域结构、社会经济结构、人口规模和职能性质等发生显著变化，开始成为区域行政、交通、军事和工商业中心，地域分工不断出现，但是殖民地与半殖民地性质相对明显。

日伪时期：城镇化正常发展进程被迫中止，呈现畸形特征，工农业殖民附庸体系全面形成，城乡对立严重，但近代化的规划建设理念同样为吉林省重工业基地和农牧业基地建设、以农畜产品为原料的轻工业发展及城镇化建设积累大量基础。

改革开放以前：城镇化先后经历新中国成立初期的调整恢复、"一五"时期的短暂发展和"一五"以来的减速发展三个阶段，呈现波动增长。

改革开放以来：城镇化先后经历初期的稳步提升、20世纪90年代的"东北现象"、东北振兴十年间的阶段性进步和新常态下的"新东北现象"四个阶段，呈现缓慢发展。

（三）吉林省新型城镇化水平的空间分异

2014年，吉林省新型城镇化水平较为滞后，新型城镇化得分0.1318，低于全国新型城镇化平均值0.1764，居于31个省区的第24位，仅高于中部资源大省山西及西部内陆地区的新疆维吾尔自治区、西藏自治区、贵州省、甘肃省、宁夏回族自治区和青海省，其人口城镇化、经济城镇化、生态城镇化和城乡一体化4个子系统得分均低于全国平均水平；吉林省9个地域单元新型城镇化平均值0.0927，城镇化质量不高，极化现象突出，省会城市长春市新型城镇化水平最高，吉林市次之，这与区域双核心地位保持一致，资源衰退型和再生型城市的新型城镇化水平滞后，4个子系统呈现人口城镇化＞经济城镇化＞城乡一体化＞生态城镇化的差异特征；吉林省48个县域单元新型城镇化平均值为0.1094，市辖区新型城镇化水平整体较高，尤以长春市辖区新型城镇化水平最高，大致分为4个层级：长春市辖区为第一层级，吉林市辖区为第二层级，四平市辖区、松原市辖区、通化市辖区、白城市辖区、前郭县、延吉市、公主岭市、辽源市辖区和白山市辖区为第三层级，其他县域单元均为第四层级。

（四）吉林省新型城镇化水平的空间演变

1995年以来，吉林省新型城镇化水平的趋势面相对平缓，呈现"中高周低"的分布趋势，南北向和东西向并没有强烈的分异现象；新型城镇化发展的高值和低值的集聚度较差，离散特征明显，热点区在空间上总体变化幅度较小，中部长吉是热点，东西两端始终是冷点或次冷点的低值簇；新型城镇化增长的空间自相关性突出，热点区跃迁幅度不大，1995~2003年，呈团块状聚集于吉林省西部地区，2003~2014年，呈现"双核"结构；新型城镇化格局演化存在一定的规律性和延续性，空间自组织性增强，均质度有所提高，"中高周低"的极化现象愈发显著，大城市的辐射涓滴作用减弱。

（五）吉林省新型城镇化发展的基本特征

新型城镇化效率尚没有达到理想状态，仅有少数城市实现产出最大化，规模效率有效成为综合效率提升的主要因素，城镇化资源尚未得到有效利用，存在着不同程度的浪费和低效问题；土地城镇化水平始终高于人口城镇化，长春市土地城镇化与人口城镇化的差值最大，民生问题的解决和人口城镇化的提升应成为今后工作的重点；基本公共服务水平递增但失衡性突出，长春市始终处于基本公共服务发展的快车道，就各项基本公共服务而言，仅有文化体育服务的下降趋势明显；四化发展水平整体提高但协调度较低，信息化是四化"短板"且极化特征显著，四化发展始终处于低水平耦合区间，呈现明显的非同步发展特征；城市综合承载力全面提升但普遍不高，交通承载力是吉林省综合承载力提升的首要制约因素，水资源承载力次之。

（六）吉林省新型城镇化发展的动力机制

吉林省新型城镇化发展的动力机制主要包括五个方面。其中，传统城镇化发展模式的亟须转型包括路径依赖特征长期存在、内生增长动力明显不足、产业发展竞争力减弱、能源资源产销失衡、城镇体系发育不完善及农业转移人口市民化进程缓慢；新型城镇化战略政策的科学指导涉及国家层面、省域层面和区域层面；经济持续健康发展的"多业"支撑包括商品粮生产的基础地位稳固、装备制造业竞争优势明显、旅游产业区域特色鲜明、医药健康产业发展态势良好、建筑产业持续稳定发展及信息产业的创新引领性强；东北亚区域开放的独特区位条件包括边疆近海的地缘区位、相对重要的过境省份和开放平台的不断建设；老工业基地全面振兴的鼎力支持包括《全国老工业基地调整改造规划》《全国资源型城市可持续发展规划》《关于近期支持东北振兴若干重大政策举措的意见》《关于全面振兴东北地区等老工业基地的若干意见》。

（七）吉林省新型城镇化发展的路径选择

吉林省新型城镇化发展的路径选择包括五个方面。其中，体制机制改革包括国有企业改革、行政审批制度改革和政府职能转变；产业结构调整包括全方位加快创新驱动发展战略的转变和积极促进产业结构的合理化与高级化；城镇空间优化包括打造集约高效的新型城镇化空间格局、实现以改善民生为重点的城乡一体化及构建科学合理的新型城镇化规划体系；市场全面开放包括协调省内发展、明确职能分工、密切省区联系、培育壮大物流、扩大与俄联动、稳妥与朝合作、建设通道口岸、维护出海权益；绿色生态转型包括推进资源节约的绿色生态转型和环境友好的绿色生态转型。

二、主要创新之处

（1）基于国内外学术界对于城市化、城镇化与再城市化，再工业化与新型工业化及新型城镇化的研究成果，科学界定新型城镇化的概念内涵。

（2）从全国和区域两个视角对吉林省新型城镇化水平进行比较与评价。分别建立中国新型城镇化评价指标体系和吉林省新型城镇化评价指标体系，全面诊断吉林省新型城镇化水平与国内其他省区存在的差距，以及吉林省内部新型城镇化空间分异，为各级政府制定区域战略政策提供参考借鉴。

（3）运用趋势面分析、空间自相关指数、平均增长指数和空间变差函数探寻吉林省新型城镇化发展的空间演变格局。引入 Global Moran's I、Getis – Ord General G 和 Getis – Ord G_i^* 等定量测度指标，探析吉林省新型城镇化格局的空间演变特征，描述新型城镇化格局的动态演变规律和总体走向，利于探寻问题根源，明确城市发展方向。

（4）以吉林省为例，构建新型城镇化问题研究的理论框架体系。基于国内外新型城镇化发展的理论基础和实践借鉴，全面分析吉林省新型城镇化发展的过程与评价、基本特征、动力机制，提出新型城镇化发展的路径选择，弥补现有研究的不足，为其他地区尤其是老工业基地新型城镇化发展提供参考借鉴，对于老工业基地的再振兴与再辉煌具有重要的现实意义。

三、研究不足与未来展望

新型城镇化的质量提升、内涵优化及全方位推进既是一项复杂系统的工程，也是一个繁重艰巨的任务，时效性很强。老工业基地的改造振兴作为世界范围内的普遍问题和难题，其新型城镇化的发展必然会受到计划经济体制、传统产业结构、资源枯竭衰减等在内多方面因素的深度制约，因此需要循序渐进。本书以吉林省为例，对新型城镇化特征、机制与路径的研究成果是较为初步的，今后将在尺度选择、指标选取、方法应用、机制分析等方面进行更为深入的探索。

（一）理论研究需要进一步地深化和拓展

本书按照"特征—机制—路径"研究范式初步构建吉林省新型城镇化发展的理论框架体系，但新型城镇化作为一个相对复杂的科学问题，涉及多个领域和多个学科，研究难度极大，今后应对新型城镇化尤其是老工业基地新型城镇化理论框架体系进行更为系统的总结，进一步深化和拓展理论研究内容。

（二）数据方法需要进一步地丰富和完善

本书主要采用统计年鉴数据和传统数学模型对吉林省新型城镇化发展的水平与特征进行定量分析，基本遵循传统城镇化发展的研究思路，今后应继续坚持理论与实践相结合，开展实地调研与问卷调查，深入咨询新型城镇化的实际工作进展，获取第一手材料，充分利用移动互联网这一大数据载体，更为真实有效地探寻区域新型城镇化发展现状。

（三）空间尺度需要进一步地扩展和深入

受文章体量所限，本书对吉林省省域、地域和县域新型城镇化发展的过程与评价、基本特征、动力机制和路径选择等是较为笼统的，考虑到不同区域新型城镇化发展特征与机制等的不同，今后应针对典型城市和特殊区域如林区、矿区、垦区、牧区等的新型城镇化发展开展更为微观具体的研究。另外，还要针对不同类型老工业基地的新型城镇化发展开展全方位的比较研究，逐渐完善实证研究体系。

参考文献

［1］魏后凯．关于城市型社会的若干理论思考［J］．城市发展研究，2013，20（5）：24-29.

［2］丁任重，李标．改革开放以来我国城镇化进程中的"缺口"与弥补［J］．经济学动态，2013（4）：37-42.

［3］陆大道．地理学关于城镇化领域的研究内容框架［J］．地理科学，2013，33（8）：897-901.

［4］张占斌，刘瑞，黄锟．中国新型城镇化健康发展报告（2014）［M］．北京：社会科学文献出版社，2014.

［5］方创琳．改革开放30年来中国的城市化与城镇发展［J］．经济地理，2009，29（1）：19-25.

［6］周家来．"城市病"的界定、规律与防治［J］．中国城市经济，2004（2）：30-33.

［7］方创琳．中国城市化进程亚健康的反思与警示［J］．现代城市研究，2011（8）：5-11.

［8］Grimm N B, Faeth S H, Golubiewski N E, et al. Global change and the ecology of cities［J］．Science, 2008, 319（5684）：756-760.

［9］仇保兴．深度城镇化——"十三五"期间增强我国经济活力和可持续发展能力的重要策略［J］．城市发展研究，2015，22（7）：1-7.

［10］张平宇，马延吉，刘文新，等．振兴东北老工业基地的新型城市化

战略［J］．地理学报，2004，59（S1）：109－115.

［11］张平宇．新型工业化与东北老工业基地改造对策［J］．经济地理，2004，24（6）：784－787.

［12］姜四清，王姣娥，金凤君．全面推进东北地区等老工业基地振兴的战略思路研究［J］．经济地理，2010，30（4）：558－562.

［13］石庆武．吉林省经济地理［M］．北京：经济出版社，1990.

［14］Karl Marx's. A contribution to the critique of polictical economy［M］. Progrss Publishers，1859.

［15］许学强，周一星，宁越敏．城市地理学（第二版）［M］．北京：高等教育出版社，2009.

［16］Thomas More. Utopia［M］. Peking：Foreign Language Teaching and Research Press，1998.

［17］Ebenezer Howard. Tomorrow：A peaceful path to real reform［M］. London：Cambridge University Press，2010.

［18］Eliel Saarinen. The city，its growth，its decay，its future［M］. M. I. T. Press，1965.

［19］克里斯泰勒．德国南部中心地（王兴中译）［M］．北京：商务印书馆，2010.

［20］Friedman J. Four theses in the study of China's urbanization［J］. International Journal of Urban and Regional Research，2006，30（2）：440－451.

［21］Northam R M. Urban Ggeography［M］. New York：Wiley，1975.

［22］Solecki W，Seto K C，Marcotullio P J. It's time for an urbanization science［J］. Environment：Science and Policy for Sustainable Development，2013，55（1）：12－17.

［23］田雪原．城镇化还是城市化［J］．人口学刊，2013，35（6）：5－10.

［24］顾朝林，吴莉娅．中国城市化研究主要成果综述［J］．城市问题，2008（12）：2－12.

［25］辜胜阻．非农化与城镇化研究［M］．杭州：浙江人民出版社，1991．

［26］邹德慈．对中国城镇化问题的几点认识［J］．城市规划汇刊，2004，151（3）：3－5．

［27］周一星．关于中国城镇化速度的思考［J］．城市规划，2006，30（S1）：32－40．

［28］陆大道，姚士谋．中国城镇化进程的科学思辨［J］．人文地理，2007，22（4）：1－5．

［29］周干峙．探索中国特色的城市化之路［J］．国际城市规划，2009，23（S1）：6－8．

［30］周毅．城市化理论的发展与演变［J］．城市问题，2009（11）：27－30．

［31］Leo van den Berg．Urban Europe：A study of growth and decline［M］．Oxford：Pergamon Press，1982．

［32］郑春荣，夏晓文．德国的再城市化［J］．城市问题，2013（9）：82－88．

［33］黄顺江．城市社会背景下我国人本城镇化探索［J］．城市发展研究，2014，21（11）：7－10．

［34］姚海琳．西方国家"再工业化"浪潮：解读与启示［J］．经济问题探索，2012（8）：165－171．

［35］王发曾．中原经济区的新型城镇化之路［J］．经济地理，2010，30（12）：1972－1977．

［36］彭红碧，杨峰．新型城镇化道路的科学内涵［J］．经济研究，2010（4）：75－78．

［37］张占仓．河南省新型城镇化战略研究［J］．经济地理，2010，30（9）：1462－1467．

［38］牛文元．中国新型城市化报告［M］．北京：科学出版社，2012．

［39］张占斌．新型城镇化的战略意义和改革难题［J］．国家行政学院学

报，2013（1）：48－54.

［40］王凯．新型城镇化的内涵与模式思考［J］．上海城市规划，2013（6）：12－17.

［41］单卓然，黄亚平．"新型城镇化"概念内涵，目标内容，规划策略及认知误区解析［J］．城市规划学刊，2013（2）：16－22.

［42］马永欢，张丽君，徐卫华．科学理解新型城镇化 推进城乡一体化发展［J］．城市发展研究，2013，20（7）：98－103.

［43］方创琳，等．中国新型城镇化发展报告［M］．北京：科学出版社，2014：41，75－111.

［44］沈清基．论基于生态文明的新型城镇化［J］．城市规划学刊，2013（1）：29－36.

［45］杨宇振．兼容二元：中国县镇乡发展的基本判断与路径选择［J］．国际城市规划，2015，30（1）.

［46］仇保兴．新型城镇化：从概念到行动［J］．行政管理改革，2012（11）：11－18.

［47］简新华．新型城镇化与旧型城市化之比较［J］．管理学刊，2014，27（6）：56－60.

［48］陈才．区域经济地理学（第二版）［M］．北京：科学出版社，2009.

［49］董锁成．经济地域运动论：区域经济发展的时空规律研究［M］．北京：科学出版社，1994.

［50］李小建．经济地理学（第二版）［M］．北京：高等教育出版社，2006.

［51］任晶，庞瑞秋．中国老工业基地创新系统构建机理与模式［M］．长春：吉林人民出版社，2012.

［52］方创琳，周成虎，顾朝林，等．特大城市群地区城镇化与生态环境交互耦合效应解析的理论框架及技术路径［J］．地理学报，2016，71（4）：531－550.

［53］魏后凯. 中国城镇化进程中的两极化倾向与规模格局重构 ［J］. 中国工业经济, 2014 (3)：18 – 30.

［54］亚当·斯密. 国民财富的性质及其原因的研究（郭大力和王亚南译）［M］. 北京：商务印书馆, 2002.

［55］张改素, 王发曾, 丁志伟. 河南省城乡统筹发展的时空特征与定位推进 ［J］. 人文地理, 2013, 28 (4)：89 – 95.

［56］Douglass M. Rural – urban linkages and poverty alleviation：Toward a policy framework ［M］. International Workshop on Rural – Urban Linkages, Curitiba, Brazil, 1998.

［57］Douglass M. Regional network strategy for reciprocal rural – urban linkages：An agenda for policy research withreference to Indonesia ［J］. Third World Planning Review, 1998, 20 (1)：1 – 33.

［58］Tacoli C. Beyond the rural – urban divide ［J］. Environment and Urbanization, 1998, 10 (1)：3 – 4.

［59］Tacoli C, Mabala R. Exploring mobility and migration in the context of rural – urban linkages：Why genderand generation matter ［J］. Environment and Urbanization, 2010, 22 (2)：389 – 395.

［60］Lynch K. Rural – urban interaction in the developing world：Perspective on development ［M］. London：Routledge, 2008.

［61］叶超, 陈明星. 中国城乡关系的文化地理特质 ［J］. 人文地理, 2012, 27 (6)：31 – 35.

［62］陈明星. 城市化领域的研究进展和科学问题 ［J］. 地理研究, 2015, 34 (4)：614 – 630.

［63］李小建, 罗庆. 新型城镇化中的协调思想分析 ［J］. 中国人口·资源与环境, 2014, 24 (2)：47 – 53.

［64］葛丹东, 童磊, 庞国彧, 等. 梯度城镇化：城乡一体化的新模式探讨 ［J］. 规划师, 2016, 32 (4)：101 – 106.

［65］张春梅, 张小林, 吴启焰, 等. 发达地区城市化质量的测度及其提

升对策——以江苏省为例［J］. 经济地理，2012，32（7）：50 – 55.

［66］United Nations Human Habitat. The state of the world's cities report, 2001［R］. New York：United Nations Publications，2002.

［67］United Nations Human Habitat. Urban indicators guideliners［C］.//United Nations Human Settlement Programme. New York：United Nations Publications，2004.

［68］Marans R，Stimson R. Investigating quality of urban life［M］. London：Springer，2011.

［69］朱林兴，孙林桥. 论中国农村城市化［M］. 上海：同济大学出版社，1996.

［70］钱文荣，马继国. 中国城市化道路探索［M］. 北京：中国农业出版社，2003.

［71］江美球，刘荣芳，蔡渝平. 城市学［M］. 北京：科学普及出版社，1988.

［72］朱会义，孙明慧. 土地利用集约化研究的回归与未来工作重点［J］. 地理学报，2014，69（9）：1346 – 1357.

［73］王成新，刘洪颜，史佳璐，等. 山东省省级以上开发区土地集约利用评价研究［J］. 中国人口·资源与环境，2014，24（6）：128 – 133.

［74］Park R，Burgess E. The city［M］. Chicago：Chicago University Press，1925.

［75］Hoyt H. The structure and growth of residential neighborhoods in asmerican cities［M］. Washington DC：Federal Housing Administration，1939.

［76］Harris C，Ullman E. The nature of cities［J］. Annals of the American Academy of Political Science，1945，242（1）：7 – 17.

［77］Gillham O. The limitless city：A primer on the urban sprawl debate［M］. Washington D C：Island Press，2002.

［78］苏红键，魏后凯. 密度效应、最优城市人口密度与集约型城镇化［J］. 中国工业经济，2013（10）：15 – 17.

［79］ Susannah G E, Handley J F, Ennos A R. Characterizing the urban environment of UK cities and towns: A template for landscape and urban planning ［J］. Landscape and Urban Planning, 2008, 87 (3): 210 –222.

［80］ Dantzing G, Satty T. Compact city: A plan for a liveable urban environment ［M］. San Francisco: Freeman and Company, 1973.

［81］ Nicola Morrison. The compact city: Theory versus practice—The case of Cambridge ［J］. Netherland Journal of Housing and the Built Environment, 1998, 13 (2): 157 –179.

［82］ Mike Jenks, Elizabeth Burton, Katie Williams. The compact city: A sustainable urban form? ［M］. London: Spon Press, 1996.

［83］ Gordon P, Richardson H W. Are compact cities a desirable planning goal? ［J］. Journal of the American Planning Association, 1997, 63 (1): 95 –106.

［84］ Breheny M. Urban compact: feasible and acceptable ［J］. Cities, 1997, 14 (4): 209 –217.

［85］ Michael Neuman. The compact city fallacy ［J］. Journal of Planning Education and Research, 2005 (11): 11 –26.

［86］ 关静. 关于精明增长的研究述评 ［J］. 财经问题研究, 2013 (2): 26 –31.

［87］ 王丹, 王士君. 美国"新城市主义"与"精明增长"发展观解读 ［J］. 国际城市规划, 2007, 22 (2): 61 –66.

［88］ 杨振山, 孙艺芸. 城市收缩现象、过程与问题 ［J］. 人文地理, 2015, 30 (4): 6 –10.

［89］ Oswalt P, Rienitz T. Atlas of Shrinking Cities ［M］. Ostfildern: Hatje Crantz, 2006.

［90］ Oswalt P. Shrinking cities: International research ［M］. Ostfildern: Hatje Crantz, 2005.

［91］ 李翔, 陈可石, 郭新. 增长主义价值观转变背景下的收缩城市复兴

策略比较——以美国与德国为例［J］．国际城市规划，2015，30（2）：81－86.

［92］Wiechman T. Between spectacular projects and pragmatic deconstruction［C］. Paper Presented at Conference on the Future of Shrinking Cities：Problems，Patterns，and Strategies of Urban Transformation in a Global Context，2007.

［93］Pallagst K M. Das ende der wachstumsmachine［J］. Berliner Debatte Initial，2007，18（1）：4－13.

［94］Popper D E，Popper F J. Small can be beautiful：Coming to terms with decline［J］. Planning，2002，68（7）：20－23.

［95］崔照忠．区域生态城镇化发展研究——以山东省青州市为例［D］．华中师范大学博士学位论文，2014.

［96］Department of Trade and Industry. Energy white paper：Our energy future－create a low carbon economy［R］. London：TSO，2003.

［97］David V Gibson，George Kozmetsky，Raymond W Smilor. The technopolis phenomenon：Smart cities，fast systems，global networks［R］.1992.

［98］IBM 商业价值研究院．智慧地球［M］．北京：东方出版社，2009.

［99］Andrea Caragliu，Chiara Del Bo，Peter Nijkamp. Smart cities in Europe［J］. Ideas，2009，98（5）：1766－1788.

［100］Jae－Soo Jang，Hyung－Min Lim. Ubiquitous－city integrated authentication system（UCIAS）［J］. Journal of Intelligent Manufacturing，2014（4）：347－355.

［101］牛文元．智慧城市是新型城镇化的动力标志［J］．中国科学院院刊，2014，29（1）：34－41.

［102］宋刚，邬伦．创新 2.0 视野下的智慧城市［J］．城市发展研究，2012，19（9）：53－60.

［103］胡际权．中国新型城镇化发展研究［D］．西南农业大学博士学位论文，2005.

［104］牛文元，刘怡君．中国新型城市化报告 2009［M］．北京：科学出

版社，2009.

［105］吴江. 重庆新型城镇化推进路径研究［D］. 西南大学博士学位论文，2010.

［106］曾志伟，汤放华，易纯，等. 新型城镇化新型度评价研究——以环长株潭城市群为例［J］. 城市发展研究，2012，19（3）：1-4.

［107］刘静玉，刘玉振，邵宁宁，等. 河南省新型城镇化的空间格局演变研究［J］. 地域研究与开发，2012，31（5）：143-147.

［108］王兴平，李迎成. 中国新型城镇化门槛标准的量化研究［J］. 规划师，2013，29（12）：78-82.

［109］牛晓春，杜忠潮，李同昇. 基于新型城镇化视角的区域城镇化水平评价——以陕西省10个省辖市为例［J］. 干旱区地理，2013，36（2）：354-363.

［110］陈映雪，甄峰，翟青，等. 环首都中小城市新型城镇化路径研究——以张家口怀来县为例［J］. 城市发展研究，2013，20（7）：110-116.

［111］杜忠潮，杨云. 区域新型城镇化水平及其空间差异综合测度分析——以陕西省咸阳市为例［J］. 西北大学学报（自然科学版），2014，44（1）：141-149.

［112］王新越，宋飔，宋斐红，等. 山东省新型城镇化的测度与空间分异研究［J］. 地理科学，2014，34（9）：1069-1076.

［113］吴江，申丽娟. 重庆新型城镇化路径选择影响因素的实证分析［J］. 西南大学学报（社会科学版），2012，38（2）：151-155.

［114］张占斌. 中国新型城镇化道路研究［M］. 北京：国家行政学院出版社，2013.

［115］黄亚平，林小如. 欠发达山区县域新型城镇化路径模式探讨——以湖北省为例［J］. 城市规划，2013（7）：17-22.

［116］倪鹏飞. 关于中国新型城镇化的若干思考［J］. 经济纵横，2014（9）：11-13.

［117］孙振华. 新型城镇化发展的动力机制及其空间效应［D］. 东北财

经大学博士学位论文，2014.

［118］赵永平，徐盈之．新型城镇化发展水平综合测度与驱动机制研究——基于我国省际 2000～2011 年的经验分析［J］．中国地质大学学报（社会科学版），2014（1）：116－124.

［119］李长亮．中国省域新型城镇化影响因素的空间计量分析［J］．经济问题，2015（5）：111－116.

［120］厉以宁，程志强．中国道路与新城镇化［M］．北京：商务印书馆，2012.

［121］姚士谋，张平宇，余成，等．中国新型城镇化理论与实践问题［J］．地理科学，2014，34（6）：641－647.

［122］姚士谋，陆大道，王聪，等．中国城镇化需要综合性的科学思维［J］．地理研究，2011，30（11）：1947－1955.

［123］沈体雁，郭洁．以人为本、集聚创新：中国特色新型城镇化研究［J］．城市发展研究，2013，20（12）：147－150.

［124］张占斌．经济中高速增长阶段的新型城镇化建设［J］．国家行政学院学报，2014（1）：39－45.

［125］吴季松．新型城镇化的顶层设计、路线图和时间表——百国城镇化实地考察［M］．北京：北京航空航天大学出版社，2013.

［126］仇保兴．如何转型 中国新型城镇化的核心问题［J］．时代建筑，2013（6）：10－17.

［127］宁越敏．中国推进新型城镇化战略的思考［J］．上海城市规划，2014（1）：43－46.

［128］杨仪青．新型城镇化发展的国外经验及中国的路径选择［J］．农业现代化研究，2013，34（4）：385－389.

［129］新玉言．新型城镇化模式分析与实践路径［M］．北京：国家行政学院出版社，2013.

［130］Chuanglin Fang，Haitao Ma，Jing Wang. A regional categorization for "New－Type Urbanization" in China［J］. PLoS ONE，2015，10（8）：e01342

53. doi：0134210. 0131371/journal. pone. 0134253.

[131] 方创琳，李广东. 西藏新型城镇化发展的特殊性与渐进模式及对策建议 [J]. 中国科学院院刊，2015，30（3）：294-305.

[132] 陈雯，闫东升，孙伟. 长江三角洲新型城镇化发展问题与态势的判断 [J]. 地理研究，2015，34（3）：397-406.

[133] 张小雷，杜宏茹. 中国干旱区城镇化发展现状及新型城镇化路径选择 [J]. 中国科学院院刊，2013，28（1）：46-53.

[134] 张占仓，蔡建霞，陈环宇，等. 河南省新型城镇化战略实施中需要破解的难题及对策 [J]. 河南科学，2012，30（6）：777-782.

[135] 张占仓，蔡建霞. 河南省新型城镇化战略实施的亮点研究 [J]. 经济地理，2013，33（7）：53-58.

[136] 李优树，苗书迪，陈丹，等. 藏区新型城镇化的发展路径探讨——以康定县为例 [J]. 经济地理，2013，33（5）：67-71.

[137] 陈科. 新疆兵团新型城镇化发展及对策研究 [J]. 城市规划，2012，36（7）：23-31.

[138] 杨传开，张凡，宁越敏. 山东省城镇化发展态势及其新型城镇化路径 [J]. 经济地理，2015，35（6）：54-60.

[139] 杨忍，刘彦随，龙花楼. 中国环渤海地区人口—土地—产业非农化转型协同演化特征 [J]. 地理研究，2015，34（3）：475-486.

[140] 陈凤桂，张虹鸥，吴旗韬，等. 我国人口城镇化与土地城镇化协调发展研究 [J]. 人文地理，2010，25（5）：53-58.

[141] 马清裕. 我国省域人口城镇化特点及其相关因素的分析 [J]. 地理研究，1990，9（1）：1-9.

[142] 赵新平，周一星. 改革开放以来中国城市化道路及城市化理论研究述评 [J]. 中国社会科学，2002（2）：132-138.

[143] 赵金华，曹广忠，王志宝. 我国省（区）人口城镇化水平与速度的类型特征及影响因素 [J]. 城市发展研究，2009，16（9）：54-60.

[144] 景普秋，张复明. 资源型城镇组群人口城镇化动力机制研究——

以山西省介孝汾城镇组群为例［J］．城市发展研究，2010，17（4）：78－85．

［145］王亚力，彭保发，熊建新，等．环洞庭湖区人口城镇化的空间格局及影响因子［J］．地理研究，2013，32（10）：1912－1922．

［146］邵大伟，吴殿鸣．山东省人口城镇化动态特征及其影响因素［J］．经济地理，2013，33（9）：51－57．

［147］庞瑞秋，腾飞，魏冶．基于地理加权回归的吉林省人口城镇化动力机制分析［J］．地理科学，2014，34（10）：1210－1217．

［148］卢丽文，张毅，李永盛．中国人口城镇化影响因素研究——基于31个省域的空间面板数据［J］．地域研究与开发，2014，33（3）：54－59．

［149］欧阳力胜．新型城镇化进程中农民工市民化研究［D］．财政部财政科学研究所博士学位论文，2013．

［150］潘家华，魏后凯，宋迎昌．中国城市发展报告NO.6：农业转移人口的市民化［M］．北京：社会科学文献出版社，2013．

［151］刘传江．推进农民工有序市民化的微观考量［J］．世纪行，2013（7）：21－29．

［152］史乃新．结构与制度视角下的农民工市民化［J］．城市问题，2011（11）：70－73．

［153］朱琳，刘彦随．城镇化进程中农民进城落户意愿影响因素——以河南省郸城县为例［J］．地理科学进展，2012，31（4）：461－467．

［154］朱华晟，刘兴．城市边缘区外来农民工非正规创业动力与地方嵌入——基于苏州市胥口镇的小样本调查［J］．经济地理，2013，33（12）：135－140．

［155］杨慧敏，高更和，李二玲．河南省农民工务工地选择及其影响因素分析［J］．地理科学进展，2014，33（12）：1634－1641．

［156］刘锐，曹广忠．中国农业转移人口市民化的空间特征与影响因素［J］．地理科学进展，2014，33（6）：748－755．

［157］姚士谋，张艳会，陆大道．我国新型城镇化的几个关键问题——对李克强总理新思路的解读［J］．城市观察，2013（5）：5－12．

［158］叶裕民．中国城市化质量研究［J］．中国软科学，2001（7）：27－31．

［159］韩增林，刘天宝．中国地级以上城市城市化质量特征及空间差异［J］．地理研究，2009，28（6）：1508－1515．

［160］方创琳，王德利．中国城市化发展质量的综合测度与提升路径［J］．地理研究，2011，30（11）：1931－1946．

［161］郭叶波，魏后凯．中国城镇化质量评价研究［J］．中国社会科学院研究生院学报，2013（2）：37－43．

［162］王富喜，毛爱华，李赫龙，等．基于熵值法的山东省城镇化质量测度及空间差异分析［J］．地理科学，2013，33（11）：1323－1329．

［163］夏南凯，程上．城镇化质量的指数型评价体系研究——基于浙江省的实证［J］．城市规划学刊，2014（1）：39－45．

［164］张引，杨庆媛，李闯，等．重庆市新型城镇化发展质量评价与比较分析［J］．经济地理，2015，35（7）：79－86．

［165］沈正平．优化产业结构与提升城镇化质量的互动机制及实现途径［J］．城市发展研究，2013，20（5）：70－75．

［166］张春梅，张小林，吴启焰，等．城镇化质量与城镇化规模的协调性研究——以江苏省为例［J］．地理科学，2013，33（1）：16－22．

［167］李江苏，王晓蕊，苗长虹，等．城镇化水平与城镇化质量协调度分析——以河南省为例［J］．经济地理，2014，34（10）：70－77．

［168］罗震东，韦江绿，张京祥．城乡基本公共服务设施均等化发展的界定、特征与途径［J］．现代城市研究，2011（7）：7－13．

［169］高军波，周春山，江海燕，等．广州城市公共服务设施供给空间分异研究［J］．人文地理，2010，25（3）：78－83．

［170］马慧强，韩增林，江海旭．我国基本公共服务空间差异格局与质量特征分析［J］．经济地理，2011，31（2）：212－217．

［171］马晓冬，沈正平，宋潇君．江苏省城乡基本公共服务发展差距及其障碍因素分析［J］．人文地理，2014，29（1）：89－93．

［172］张京祥，葛志兵，罗震东，等．城乡基本公共服务设施布局均等化研究——以常州市教育设施为例［J］．城市规划，2012，36（2）：9-15.

［173］韩增林，李彬，张坤领．中国城乡基本公共服务均等化及其空间格局分析［J］．地理研究，2015，34（11）：2035-2048.

［174］邓宗兵，吴朝影，封永刚，等．中国区域公共服务供给效率评价与差异性分析［J］．经济地理，2014，34（5）：28-33.

［175］卢洪友，袁光平，陈思霞，等．中国环境基本公共服务绩效的数量测度［J］．中国人口·资源与环境，2012，22（10）：48-54.

［176］孙德梅，王正沛，孙莹莹．我国地方政府公共服务效率评价及其影响因素研究［J］．华东经济管理，2013，27（8）：142-149.

［177］袁家冬，张娜．东北老工业基地振兴与吉林省新型城市化的响应［J］．世界地理研究，2005，14（2）：64-71.

［178］陈雯，张平宇，张小雷，等．中国典型地区人文—经济地理研究进展与展望［J］．地理科学进展，2011，30（12）：1538-1547.

［179］王雅莉，尹昱乔．老工业基地调整改造、新型城镇化与金融推进策略［J］．青岛科技大学学报（社会科学版），2013，29（2）：1-6.

［180］赫金鸣．东北地区新型城镇化对策研究［J］．黑龙江社会科学，2014（1）：77-80.

［181］王晓玲．辽中南城市群新型城市化战略研究［J］．石家庄经济学院学报，2014，37（2）：32-37.

［182］张荣天，焦华富．中国新型城镇化研究综述与展望［J］．世界地理研究，2016，25（1）：59-66.

［183］仇保兴．国外模式与中国城镇化道路选择［J］．人民论坛，2005（6）：42-44.

［184］新玉言．国外城镇化比较研究与经验启示［M］．北京：国家行政学院出版社，2013.

［185］李浩．城镇化率首次超过50%的国际现象观察——兼论中国城镇化发展现状及思考［J］．城市规划学刊，2013（1）：43-50.

[186] 石忆邵. 德国均衡城镇化模式与中国小城镇发展的体制瓶颈[J]. 经济地理, 2015, 35 (11): 54–60.

[187] 齐爽. 英国城市化发展研究 [D]. 吉林大学博士学位论文, 2014.

[188] 王春艳, 李瑞林. 美国城市化的特点及其经验借鉴 [J]. 延边大学学报 (社会科学版), 2005, 38 (3): 77–81.

[189] 张贵凯. 人本思想指导下推进新型城镇化研究 [D]. 西北大学博士学位论文, 2013.

[190] 田光进. 中国城镇化过程时空模式 [M]. 北京: 科学出版社, 2009.

[191] Gordon F Mulligan. Revisiting the urbanization curve [J]. Cities, 2013, 32 (4): 113–122.

[192] 杨振凯. 老工业基地的衰退机制研究 [D]. 吉林大学博士学位论文, 2008.

[193] 赵儒煜, 阎国来, 关越佳. 去工业化与再工业化: 欧洲主要国家的经验与教训 [J]. 当代经济研究, 2015 (4): 53–59.

[194] 周春山, 刘毅. 发达国家的再工业化对我国的影响 [J]. 世界地理研究, 2013, 22 (1): 47–56.

[195] 林木西. 探索东北特色的老工业基地全面振兴道路 [J]. 辽宁大学学报 (哲学社会科学版), 2012, 40 (5): 1–9.

[196] 王素斋. 科学发展观视域下中国新型城镇化发展模式研究 [D]. 南开大学博士学位论文, 2014.

[197] 辜胜阻, 王敏. 智慧城市建设的理论思考与战略选择 [J]. 中国人口·资源与环境, 2012, 22 (5): 74–80.

[198] 方创琳, 刘毅, 林跃然. 中国创新型城市发展报告 [M]. 北京: 科学出版社, 2013.

[199] 甄峰, 席广亮, 秦萧. 基于地理视角的智慧城市规划与建设的理论思考 [J]. 地理科学进展, 2015, 34 (4): 402–409.

［200］柴彦威．人本视角下新型城镇化的内涵解读与行动策略［J］．北京规划建设，2014（6）：34－36.

［201］陈明星，叶超．健康城市化：新的发展理念及其政策含义［J］．人文地理，2011，26（2）：56－61.

［202］王士君，宋飏．中国东北地区城市地理基本框架［J］．地理学报，2006，61（6）：574－584.

［203］李诚固，董会和．吉林地理［M］．北京：北京师范大学出版社，2010.

［204］方修琦，叶瑜，葛全胜，等．从城镇体系的演变看清代东北地区的土地开发［J］．地理科学，2005，25（2）：129－134.

［205］范立君．近代东北移民与社会变迁（1860~1931）［D］．浙江大学博士学位论文，2005.

［206］曲晓范．近代东北城市的历史变迁［M］．长春：东北师范大学出版社，2001：23－38.

［207］张奎燕，陈玉梅．日俄侵略时期东北地区城镇体系的形成与发展［J］．社会科学战线，2005（5）：129－134.

［208］魏旭红．吉林省城市化进程及其发展路径研究［J］．北方经济，2011（6）：73－74.

［209］李诚固，李振泉．“东北现象”特征及形成因素［J］．经济地理，1996，16（1）：34－38.

［210］陈忠暖，高权，王帅．中国省际城镇化综合水平及其空间分异［J］．经济地理，2014，34（6）：54－59.

［211］陈明星，陆大道，张华．中国城市化水平的综合测度及其动力因子分析［J］．地理学报，2009，64（4）：387－398.

［212］李文正．陕南新型城镇化水平测度与提升策略研究［J］．江西农业学报，2013，25（6）：132－136.

［213］王周伟，柳闫．中国省域新型城镇化的动态耦合协调发展机制研究［J］．城市发展研究，2015，22（10）：1－13.

［214］欧向军，甄峰，叶磊，等．江苏省城市化质量的区域差异时空分析［J］．人文地理，2012，27（5）：76－82．

［215］李雪铭，晋培育．中国城市人居环境质量特征与时空差异分析［J］．地理科学，2012，32（5）：521－529．

［216］杨洋，王晨，章立玲，等．基于国家规划的新型城镇化状态定量评估指标体系构建及应用——以山东半岛城市群为例［J］．经济地理，2015，35（7）：51－58．

［217］尹鹏，陈才，梁振民，等．吉林省新型城镇化格局的空间演变分析［J］．世界地理研究，2015，24（3）：110－117．

［218］Anselin L，Getis A. Spatial statistical analysis and geographic information systems［J］. The Annals of Regional Science，1992，26（1）：19－33．

［219］Peili Duan，Lijie Qin，Yeqiao Wang，et al. Spatial pattern characteristics of water footprint for maize production in Northeast China［J］. Journal of the Science of Food and Agriculture，2016，96（2）：561－568．

［220］李全林，马晓冬，沈一．苏北地区乡村聚落的空间格局［J］．地理研究，2012，31（1）：144－154．

［221］周扬，李宁，吴文祥，等．1982～2010年中国县域经济发展时空格局演变［J］．地理科学进展，2014，33（1）：102－113．

［222］靳诚，陆玉麒．基于空间变差函数的长江三角洲经济发展差异演变研究［J］．地理科学，2011，31（11）：1329－1334．

［223］石培基，王祖静，刘春芳．石羊河流域土地覆盖空间演化及驱动机制［J］．生态学报，2014，34（15）：4361－4371．

［224］尹鹏，李诚固．环渤海"C"型经济区经济格局的空间演变研究［J］．地理科学，2015，35（5）：537－543．

［225］朱凤凯，张凤荣，李灿，等．1993～2008年中国土地与人口城市化协调度及区域差异［J］．地理科学进展，2014，33（5）：647－656．

［226］万庆，吴传清，曾菊新．中国城市群城市化效率及影响因素研究［J］．中国人口·资源与环境，2015，25（2）：66－74．

［227］孙东琪，张京祥，张明斗，等. 长江三角洲城市化效率与经济发展水平的耦合关系［J］. 地理科学进展，2013，32（7）：1060 – 1071.

［228］张荣天，焦华富. 长江三角洲地区城镇化效率测度及空间关联格局分析［J］. 地理科学，2015，35（4）：433 – 439.

［229］尹鹏，刘继生，陈才. 东北地区资源型城市基本公共服务效率研究［J］. 中国人口·资源与环境，2015，25（6）：127 – 134.

［230］Chaenes A，Cooper W W，Rhodes E. Measuring the Efficiency of Decision Making Units［J］. European Journal of Operational Research，1978，2（6）：429 – 444.

［231］Banker R D，Chaenes A，Cooper W W. Some Models for Estimating Technical and Scale Inefficiency in Data Envelopment Analysis［J］. Management Science，1984，30（9）：1078 – 1092.

［232］石忆邵. 辩证审视土地城镇化与人口城镇化之间的关系［J］. 上海国土资源，2015，36（2）：9 – 13.

［233］李子联. 人口城镇化滞后于土地城镇化之谜——来自中国省际面板数据的解释［J］. 中国人口·资源与环境，2013，23（11）：94 – 101.

［234］郭施宏，王富喜，高明. 山东半岛人口城市化与土地城市化时空耦合协调关系研究［J］. 经济地理，2014，34（3）：72 – 78.

［235］周艳，黄贤金，徐国良，等. 长三角城市土地扩张与人口增长耦合态势及其驱动机制［J］. 地理研究，2016，35（2）：313 – 324.

［236］尹鹏，李诚固，陈才，等. 新型城镇化情境下人口城镇化与基本公共服务关系研究——以吉林省为例［J］. 经济地理，2015，35（1）：61 – 67.

［237］Tapio P. Towards a theory of decoupling：degrees of decoupling in the EU and the case of road traffic in Finland between 1970 and 2001［J］. Transport Policy，2005，12（2）：137 – 151.

［238］胡畔. 任重道远：从基本公共服务供给看新型城镇化［J］. 城市发展研究，2012，19（7）：29 – 35.

［239］国家发展和改革委员会．国家新型城镇化规划（2014～2020年）［M］．北京：人民出版社，2014.

［240］吉林省发展和改革委员会．吉林省新型城镇化规划（2014～2020年）［R］．2014.

［241］尹鹏，刘继生，陈才．东北振兴以来吉林省四化发展的协调性研究［J］．地理科学，2015，35（9）：1101－1108.

［242］丁志伟，张改素，王发曾，等．中国工业化、城镇化、农业现代化、信息化、绿色化"五化"协调定量评价的进展与反思［J］．地理科学进展，2016，35（1）：4－13.

［243］李裕瑞，王婧，刘彦随，等．中国"四化"协调发展的区域格局及其影响因素［J］．地理学报，2014，69（2）：199－212.

［244］廖重斌．环境与经济协调发展的定量评判及其分类体系［J］．热带地理，1999，19（2）：171－177.

［245］UNESCO & FAO. Carrying capacity assessment with a pilot study of Kenya：a resource accounting methodology for sustainable development［M］．Paris and Rome，1985.

［246］石忆邵，尹昌应，王贺封，等．城市综合承载力的研究进展及展望［J］．地理研究，2013，32（1）：133－145.

［247］王洪桥，孟祥君，孙浩亮，等．吉林省旅游资源的基本特征及空间结构分析［J］．干旱区资源与环境，2012，26（7）：190－194.

［248］刘国斌，王轩．基于信息化建设的新型城镇化发展研究——以吉林省为例［J］．情报科学，2014，32（4）：50－53.

［249］尹鹏，陈才．面向东北亚区域合作的吉林省开放型经济发展研究［J］．东北师大学报（自然科学版），2015，47（1）：152－157.

［250］金凤君，陈明星．"东北振兴"以来东北地区区域政策评价研究［J］．经济地理，2010，30（8）：1259－1265.

［251］关兴良，魏后凯，鲁莎莎，等．中国城镇化进程中的空间集聚、机理及其科学问题［J］．地理研究，2016，35（2）：227－241.

[252] 方创琳,马海涛. 新型城镇化背景下中国的新区建设与土地集约利用 [J]. 中国土地科学, 2013, 27 (7): 4-9.

[253] 黄金川,陈守强. 中国城市群等级类型综合划分 [J]. 地理科学进展, 2015, 34 (3): 290-301.

[254] 方创琳,毛其智,倪鹏飞. 中国城市群科学选择与分级发展的争鸣及探索 [J]. 地理学报, 2015, 70 (4): 515-527.

[255] 潘竟虎,胡艳兴. 中国城市群"四化"协调发展水平测度 [J]. 城市问题, 2015 (8): 8-15.

[256] 黄震方,陆林,苏勤,等. 新型城镇化背景下的乡村旅游发展——理论反思与困境突破 [J]. 地理研究, 2015, 34 (8): 1409-1421.

[257] ARNASON J P. An ecological view of history: Japanese civilization in the world context [J]. Journal of Japanese Studies, 2004, 30 (2): 436-440.

[258] 陈晓红,周智玉. 关于生态城镇化理论与实践的若干思考 [J]. 湖南商学院学报 (双月刊), 2015, 22 (1): 5-9.